Deep Web

Alesandro Gonçalves Barreto
Hericson dos Santos

Deep Web

Investigação no submundo da internet

Rio de Janeiro
2019

Copyright© 2019 por Brasport Livros e Multimídia Ltda.

Todos os direitos reservados. Nenhuma parte deste livro poderá ser reproduzida, sob qualquer meio, especialmente em fotocópia (xerox), sem a permissão, por escrito, da Editora.

Editor: Sergio Martins de Oliveira
Gerente de Produção Editorial: Marina dos Anjos Martins de Oliveira
Editoração Eletrônica: Abreu's System
Capa: Use Design

Técnica e muita atenção foram empregadas na produção deste livro. Porém, erros de digitação e/ou impressão podem ocorrer. Qualquer dúvida, inclusive de conceito, solicitamos enviar mensagem para **editorial@brasport.com.br**, para que nossa equipe, juntamente com o autor, possa esclarecer. A Brasport e o(s) autor(es) não assumem qualquer responsabilidade por eventuais danos ou perdas a pessoas ou bens, originados do uso deste livro.

Dados Internacionais de Catalogação na Publicação (CIP)

B273d	Barreto, Alesandro Gonçalves
	   Deep Web: investigação no submundo da internet / Alesandro Gonçalves Barreto, Hericson dos Santos. – Rio de Janeiro: Brasport, 2019.
	   144 p. : il. ; 17 x 24 cm.
	
	   Inclui bibliografia.
	   ISBN 978-85-7452-937-0
	
	   1. Internet. 2. Rede de computadores. I. Santos, Hericson dos. II. Título.
	
	                                                                                    CDU 004.738.5

Bibliotecária responsável: Bruna Heller – CRB 10/2348

Índice para catálogo sistemático:
1. Internet. Inclusive World Wide Web (WWW) 004.738.5

BRASPORT Livros e Multimídia Ltda.
Rua Teodoro da Silva, 536 A – Vila Isabel
20560-005 Rio de Janeiro-RJ
Tels. Fax: (21)2568.1415/3497.2162
e-mails: marketing@brasport.com.br
vendas@brasport.com.br
editorial@brasport.com.br
www.brasport.com.br

Filial SP
Av. Paulista, 807 – conj. 915
01311-100 São Paulo-SP

Dedico este livro à minha esposa, Vanubia, e às filhas, Karolinne e Camila.

Alesandro Barreto

Dedico este livro à minha esposa, Jaqueline, e ao meu filho, Henri Mateus, pelo amor, dedicação e paciência e por entenderem as longas noites de sono perdidas.

Hericson dos Santos

Agradecimentos

Ao meu pai, Francisco Barreto, minha mãe, Maria das Graças (*in memoriam*), meus irmãos, Givago, Anuscka e Rafaella.

Aos incansáveis profissionais da atividade cibernética, especialmente Anchieta Nery, Leonardo Andrade, Mardem Lincow, Jorge Leite, Nycole Bittencourt, Ana Saskia, Roberto Buery e Wagner.

Aos policiais civis do estado de São Paulo, Hericson dos Santos, Jorge Barreto e Paulo Zanata, pela dedicação e luta contra o abuso e a exploração infantil na internet.

Aos amigos Romano Costa, Rodrigo Tomoko, Nahyara Araújo, Leonardo Araujo, Glauco Prunes, Liana Canellas, Jamil Darub, Luzanna Fumaux, Cap. Eduardo Fernandes, delegados Bonfim (*in memoriam*) e Menandro Pedro.

À Polícia Civil do Piauí e a todos os servidores mobilizados do Ministério da Justiça e Segurança Pública, pelos ensinamentos e lições a mim repassados durante todos esses anos.

Aos integrantes da ICE – US *Immigration and Customs Enforcement* – pelo valoroso trabalho e cooperação com os policiais brasileiros, notadamente na luta contra os crimes praticados contra a dignidade sexual infantojuvenil.

A todos aqueles que me incentivam no dia a dia, na pesquisa e na produção de conhecimento na seara cibernética.

Alesandro Barreto

Inicialmente agradeço a Deus por me conceder o dom da vida, através dos meus amados pais Orlando e Helena, assim como todos os meus irmãos.

Agradeço imensamente a todos os amigos que fiz ao longo desta jornada, em especial aos universitários, amigos para sempre.

Aos sensacionais profissionais do Ciberlab, da Secretaria de Operações Integradas do Ministério da Justiça e Segurança Pública, e aos grandes profissionais de inteligência dos grupos UIPs, CIPs e Interceptação da Polícia Civil de São Paulo, que simplesmente fazem polícia por amor ao ofício.

Não poderia deixar de saudar os amigos e companheiros do *Dream Team*, em especial o parceiro Jorge André, *The Hunter*, assim como os do Centro de Inteligência Policial de Araçatuba, pela transmissão de conhecimento e pela oportunidade de aperfeiçoar a forma de fazer inteligência e investigação policial tecnológica.

Enfim, dedico este livro aos amigos Alesandro Barreto e Higor Jorge, por me incentivarem na produção de conhecimento.

Hericson dos Santos

Sobre os Autores

Alesandro Gonçalves Barreto é Delegado de Polícia Civil do estado do Piauí. Possui graduação em Direito pela Universidade Regional do Cariri (1998). Pós-graduado em Direito pela Universidade Federal do Piauí. Foi Diretor da Unidade do Subsistema de Inteligência da Secretaria de Segurança Pública do Estado do Piauí de 2005 até 2016. Integrou o Grupo de Trabalho revisor da Doutrina Nacional de Inteligência de Segurança Pública. Professor de Cursos de Inteligência Cibernética pela SENASP – Secretaria Nacional de Segurança Pública – e SEOPI – Secretaria de Operações Integradas. Professor na Academia de Polícia Civil do Piauí das Disciplinas Inteligência de Segurança Pública e Investigação Policial. Professor convidado da UNAULA (Universidade Autônoma Latino Americana de Medellín – Colômbia). Coordenador do NUFA – Núcleo de Fontes Abertas – da Secretaria Extraordinária para Segurança de Grandes Eventos do Ministério da Justiça durante os Jogos Olímpicos e Paralímpicos Rio 2016. Coordenador Geral de Contrainteligência da Diretoria de Inteligência. Coordenador Geral de Contrainteligência da Diretoria de Inteligência e Coordenador-Geral Substituto da Polícia Judiciária e Perícia da Diretoria da Força Nacional de Segurança Pública da Secretaria Nacional de Segurança Pública.

Hericson dos Santos é Perito Criminal da Superintendência da Polícia Técnico-Científica do Estado de São Paulo. Bacharel em Ciência da Computação, Especialista em Redes e Telecomunicações, Especialista em Perícia Forense Aplicada à Computação. É professor de investigação de crimes eletrônicos da Secretaria Nacional de Segurança Pública. Instrutor de investigação de crimes de abuso sexual infantil nos meios cibernéticos credenciado pela CRC – *Child Rescue Coalition* – dos Estados Unidos, capacitando cerca de trezentos policiais civis, federais e peritos criminais no Brasil e na Argentina. Membro da força-tarefa especial de combate aos crimes de pedopornografia da Secretaria de Operações Integradas do Ministério da Justiça e Segurança Pública, responsável pelas operações nacionais Luz da Infância.

Prefácio

***Deep web* e investigação, eis o futuro!**

Tive a honra de ser convidado pelos amigos Alesandro Gonçalves Barreto e Hericson dos Santos para prefaciar o novo livro "Deep Web: investigação no submundo da internet".

Trata-se de uma obra muito atual e inédita. Realmente algo contemporâneo, especialmente após fato em Suzano-SP (março 2019). Um contexto teórico e prático, interagindo por várias áreas de conhecimento, especialmente o tecnológico e o investigativo. Aliás, não vejo mais nenhuma investigação criminal que não tenha algo tecnológico envolvido, especialmente pelo meio de obtenção e registro das evidências e vestígios. Esse novo local de crime, o ambiente digital, parece ser um grande desafio de todos nós, atuantes na área de inteligência e investigação de crimes. Se é novo, também nos permite inúmeras possibilidades, inúmeras formas de buscar e registrar evidências digitais e analisá-las no contexto dos procedimentos, seja de formatação do conhecimento, seja de formalização do procedimento policial.

Os autores começam, por assim dizer, pelo começo: sistematizar conceitos relativos à internet, o que é visível ao usuário comum e o que lhe é oculto e/ou restrito, mistificado como algo inóspito e "habitado" por pessoas do mal, ou seja, o que realmente é a *deep web* e o que realmente é a *dark web*. Anonimato, segurança e código aberto.

Nos segundo e terceiro capítulos, Alesandro e Hericson trazem aos leitores as principais informações sobre as redes Tor e Freenet, com suas camadas de proteção e de acesso, configurações e possibilidades. Há que referir que os mecanismos criados para esse processo de navegação, pensados originalmente para maior segurança, hoje possuem como principal foco a anonimidade. A velocidade da rede talvez não importe tanto para quem busca na rede meios de se esconder, ou seja, com menos nós ou com N nós, Tor e Freenet acabam por auxiliar os internautas a esconder seus passos. Por outro lado, auxiliam empresas a proteger seus dados. Há que se ponderar, ainda, que os autores dão verdadeira aula de como proceder à instalação e ao uso das citadas ferramentas, possibilitando ao investigador "digital" usar a ferramenta e poder, também, formalizar investigações com seu uso.

As observações feitas aos dois capítulos anteriores também são plenamente aplicáveis aos capítulos seguintes, sobre a multiplataforma I2P e as demais redes da *deep web*, onde os autores exploram as demais ferramentas e suas principais aplicações, tempo de resposta e utilidades, ou seja, a utilização de determinadas redes conforme a finalidade para as quais foram criadas.

No sexto capítulo – talvez o mais importante quando se trate de investigação criminal –, os autores ingressam na análise jurídica e prática da principal missão do analista de inteligência e/ou investigador criminal. Fazendo relação com as ferramentas citadas nos capítulos anteriores, Alesandro e Hericson analisam os principais delitos que acontecem na profundidade da rede mundial de computadores. Tráfico de drogas, tráfico de armas, abuso e exploração sexual infantil e violação de direitos autorais são os principais delitos analisados. No entanto, não param por aí, pois que analisam a forma de resguardo do conteúdo, a coleta de dados em fontes abertas e a infiltração policial, uma das principais ferramentas legalmente disponíveis e de resguardo ao policial hoje no Brasil.

Especialmente, destaco a NIT – Técnica de Investigação de Redes –, sugestão adotada e orientada pelos autores para a obtenção de evidências eletrônicas, nos moldes do FBI, fazendo correlação com a legislação brasileira aplicável.

Notadamente e finalmente, uma obra a comemorar, pois que o profissional de inteligência e de investigação criminal no Brasil se sente ressentido de material orientativo e de qualidade para realizar seu trabalho. Inovam os autores! Ganhamos nós.

Emerson Wendt,
Delegado de Polícia e Mestre em Direito

Apresentação

Recebi, entusiasmado e enobrecido, o convite de apresentar a obra "Deep Web: investigação no submundo da internet", elaborada pelos ínclitos amigos Alesandro Gonçalves Barreto e Hericson dos Santos, respectivamente, delegado de polícia e perito criminal, considerados referências no Brasil e também no exterior, no campo da investigação de crimes cibernéticos e também no ambiente da *deep web*.

O implemento de novas tecnologias, indubitavelmente, proporciona significativos avanços em diversas áreas. Não obstante, plataformas construídas com fins lícitos são utilizadas por criminosos e usuários mal-intencionados no incremento de seus atos. Nesse contexto, inserem-se diversos serviços disponíveis na *surface web*, a exemplo de redes sociais, serviços de e-mail e aplicativos de mensageria.

O cenário não é distinto na *deep web*. Apesar de ser citada desde a década de 90, permanece desconhecida, nebulosa e eivada de lendas verdadeiras ou falaciosas perante a absoluta maioria dos usuários. Esse ambiente se apresenta propício para o criminoso alcançar mais vítimas, maximizar lucros e se furtar à aplicação da lei penal. Diversos são os delitos praticados nessa rede, especialmente apologia ao crime em fóruns de discussão, comércio ilegal de drogas, armas e munições, abuso e exploração sexual infantojuvenil, terrorismo, crimes de ódio e violação de direitos autorais.

Considerando que a imensa maioria dos policiais não possui conhecimentos mínimos sobre a investigação de crimes no ambiente da *deep web*, pode-se afirmar com convicção que a presente obra é considerada uma "divisora de águas" porque permite a difusão dos referidos conhecimentos em todo o país e, quiçá, em outras partes do mundo.

A obra desvenda esse ambiente desconhecido, analisando as principais redes disponíveis na *deep web*, incluindo rede Tor, rede Freenet, rede I2P e Zeronet, oferecendo suas características, funcionamento e formas de acesso.

Embora a individualização do autor seja distinta da *surface web*, singularmente pelo anonimato, a preservação da evidência, a coleta em fontes abertas – NIT – e a utilização da infiltração policial são caminhos adotados por policiais do Brasil e do exterior, que têm resultado em diversas operações policiais e prisão de criminosos.

Os autores apresentam, de modo muito didático e acessível, os principais conceitos sobre o ambiente da *deep web* e as questões teóricas e práticas sobre os procedimentos para investigação policial nesse ambiente.

Boa leitura!

Higor Vinicius Nogueira Jorge
Delegado de Polícia da Polícia Civil do Estado de São Paulo e Especialista em Investigação Criminal Tecnológica

Sumário

Introdução	1
1. *Deep web* e seu misticismo	**5**
1.1. *Surface*, *deep web* e *darknet*	5
1.2. Características da *deep web*	9
1.3. A *deep web* e seu conteúdo	10
1.4. As redes mais populares da *deep web*	12
2. Da rede Tor	**14**
2.1. A rede Tor e suas peculiaridades	18
2.2. Funcionamento da rede	19
2.3. O guarda de entrada	22
2.4. Acessando a rede Tor	23
2.5. Realizando algumas conexões	24
2.6. *Sites* nativos da rede Tor	26
2.7. Configurações de parâmetros de acesso aos relés Tor	27
2.7.1. Parâmetros de configuração	29
3. Da rede Freenet	**32**
3.1. Filosofia da Freenet	34
3.2. Arquitetura	36
3.2.1. Funcionamento e mapa da rede	36
3.2.2. Problemas decorrentes da arquitetura	38
3.3. Comunicação entre os nós	39
3.3.1. Tabela de *hash* distribuídas – DHT	40
3.3.2. Armazenamento de dados	42
3.3.3. Chaves criptográficas	44
3.4. Freenet na prática	44
3.5. Interface e configuração	46
3.5.1. Navegação	47
3.5.2. Configurando e entendendo o modo *darknet*	49
3.5.3. Segurança extra	51
3.6. Construção da teia de nós Freenet	52

4. Da rede I2P 55
4.1. Conceitos técnicos da rede I2P 56
4.1.1. Funcionamento 56
4.1.2. Roteamento via túneis 61
4.1.3. Roteamento "alho" 62
4.2. *Download*, instalação, configuração e navegação 62
4.2.1. *Download* e instalação 62
4.2.2. Interface, configuração e navegação 63

5. Outras redes da *deep web* 72
5.1. Zeronet 72
5.1.1. Algumas funcionalidades 74
5.2. Outras redes segundo suas funcionalidades 76
5.2.1. Redes para compartilhamento de arquivos 76
5.2.2. Redes para publicação de *sites* 78
5.2.3. Redes para comunicação anônima 78

6. Da investigação policial 81
6.1. Os crimes mais comuns encontrados na *deep web* 84
6.1.1. Tráfico de drogas 84
6.1.2. Tráfico de armas 91
6.1.3. Abuso e exploração sexual infantil 92
6.1.4. Violação de direitos autorais 95
6.2. Preservação do conteúdo 98
6.3. Coleta em fontes abertas 100
6.4. Da infiltração policial 102
6.4.1. Da infiltração policial nos crimes de abuso e exploração sexual infantil 106
6.5. *Network Investigative Technique* – NIT 108
6.5.1. Da legislação aplicável 110
6.6. Operações policiais na *deep web* 112

7. Considerações finais 117

Referências bibliográficas 119

Introdução

A teoria dos seis graus de separação[1] estabelece que são necessários apenas seis laços de amizade para ocorrer a conexão entre duas pessoas em locais distintos e distantes do planeta. Sua melhor representação se dá por meio da internet, simbologia maior da globalização. Com ela, indivíduos de todas as partes do mundo se interconectam sem levar em consideração todas as abstrações por detrás dos fios e cabos de uma conexão e o próprio funcionamento das ferramentas existentes, mas, em geral, o que interessa é o ato de navegar. Nesse diapasão, procuraremos desmistificar a *deep web*, as suas características, os principais serviços utilizados e, por fim, a atuação da polícia judiciária na atribuição da autoria delitiva.

Erich Von Däniken, em sua obra "Eram os deuses astronautas?"[2], teorizou, no ano de 1968, sobre a possível contribuição de seres celestiais (astronautas) para a construção do que hoje é a civilização humana. O escritor relata, ao longo dos seus ensinamentos, as várias evidências de monumentos históricos antigos, como as pirâmides egípcias, as maias, as astecas e até mesmo as estátuas da Ilha de Páscoa, que seriam contribuições de seres extraterrenos, uma vez que, há mil ou dois mil anos, na época de suas construções, a humanidade não dominava a tecnologia e nem engenharia necessária para tanto.

Essa introdução se faz necessária, pois, assim como os mistérios celestiais ainda não desvendados, muito misticismo persiste em torno da *deep web*, seus conceitos e o conteúdo lá existente.

---

[1] Esta teoria originou-se a partir de um estudo científico desenvolvido pelo psicólogo Stanley Milgram. Segundo ele, no mundo são necessários no máximo seis laços de amizade para que duas pessoas quaisquer estejam ligadas.
[2] Erich Anton Peter von Däniken é um teórico, escritor e arqueólogo de nacionalidade suíça.

2 Deep Web

A princípio, cabe-nos situar historicamente o surgimento da internet, antes de adentramos nas características desse mundo desconhecido. Como quase tudo em nossa sociedade está ligado à disputa de poder, a internet não poderia ser diferente.

A ARPANET, órgão do governo estadunidense, foi criada em 1969 pela Agência de Projetos e Pesquisa Avançada[3]. A gênese era prover suporte militar com uma rede para conectar centros de pesquisa distantes uns dos outros, localizados estrategicamente e descentralizados para evitar colapso total durante um possível ataque inimigo. Seus avanços foram maiores na Guerra Fria, entre Estados Unidos e a antiga União Soviética, e, posteriormente, como resposta à corrida espacial.

Em dezembro de 1969, a primeira rede, formada por quatro computadores, estava funcionando. A principal "sacada" da "nova tecnologia" foi a divisão da informação em pequenos "pacotes", o que diminuiu a carga de transmissão e tornou possível o processamento dos dados de forma rápida, sem o bloqueio da comunicação de outras partes. O conceito é usado até hoje na internet – o princípio da comutação de pacotes assegurou o surgimento de várias redes, principalmente em universidades. Em contrapartida, trouxe à tona o problema da falta de padronização, uma vez que impossibilitava a comunicação entre as redes.

Em 1974, cinco anos após a criação da ARPANET, com a proliferação de redes com protocolos de comunicação diferentes, engenheiros da ARPA começaram a rascunhar um projeto para tentar solucionar o problema. O desenho levou o nome de *Internet Transmission Control Program* – Programa de Controle de Transmissão Entrerredes. Surgia o embrião do que hoje conhecemos por TCP/IP *(Transfer Control Protocol – Internet Protocol)*. Em 1981, a especificação TCP/IP foi finalizada, publicada e adotada pelos diferentes tipos de redes de computadores. Em 1982, as conexões da ARPANET, já usando o protocolo TCP/IP, avançaram além do solo estadunidense, dando origem à internet. Todavia, foi a partir de 1989 que a internet passou a tomar a forma que conhecemos hoje, conforme relata a doutrina de Barreto, Wendt e Caselli (2017)[4]:

> Em 12 de março de 1989, o britânico Tim Berners-Lee, idealizando uma forma mais acessível de acesso às informações arquivadas em computadores, publicou um artigo científico em que discorria sobre a *world wide web*. Sua ideia era facilitar as buscas e a disponibilidade de arquivos transformando os

---

[3] Do inglês ARPA – *Advanced Research Projects Agency*.
[4] BARRETO, Alesandro Gonçalves; WENDT, Emerson; CASELLI, Guilherme. **Investigação Digital em Fontes Abertas**. Rio de Janeiro: Brasport, 2017.

índices em *links*. Assim, mediante esta nova sistemática, poderia ser realizado o acesso a computadores, informações e diretórios com apenas um clique e de maneira remota.

A internet é uma porção integral de várias redes derivadas, ou seja, existem infinitas redes de computadores e a todo o momento surgem outras. Cada uma possui uma finalidade e público distintos. Algumas dessas redes estão acessíveis ao mundo inteiro, enquanto outras dependem de certos níveis de permissão e/ou conhecimento, por possuírem características que as colocam em estágios mais profundos.

Muito antes da internet se tornar tão popular, as discussões e mistérios sobre sua origem e funcionamento sempre coexistiram. Cerca de cinco anos após o lançamento do conceito de www, em 1989, estudos já buscavam explicações sobre a *deep web*, terminologia que só se tornou popular a partir do ano de 2001.

1. *Deep web* e seu misticismo

Primeiramente, é preciso classificar alguns pontos em relação à "internet comum". Conceitualmente, para a doutrina, a internet é constituída de várias redes. Isso é pacífico, não obstante, pelo fato de algumas dessas redes e seu conteúdo possuírem determinado alcance quanto a sua publicidade exacerbada, permissão de acesso, dentre outros fatores, propala-se a ideia de que "aquilo que o Google[5] não encontra é porque está na *deep web*".

Essa afirmativa não encontra respaldo técnico e é utilizada de forma muito superficial e primitiva para definir o que é a *deep web*. A busca por um termo (palavra-chave) no Google, esperando como resposta um vídeo, por exemplo, pode levar a resultados negativos. Todavia, não podemos afirmar simplesmente que esse material estaria na internet profunda. Logo, teorizar que, se uma ferramenta de busca não trouxer respostas positivas na *surface web* para uma *query* é porque ela estará na *deep web*, não corresponde à verdade, pois esse conteúdo pode sequer existir ou pode não ter sido indexado até então. Em contrapartida, o conteúdo indexado estará, de fato, presente na *surface web*. Essa premissa serve para qualquer um dos principais buscadores de conteúdo existentes na atualidade: Google, Bing[6] e Yahoo![7].

1.1. *Surface, deep web* e *darknet*

Doutrinariamente, podemos dividir a internet em *surface web* e *deep web*, e, nesta última, acrescenta-se mais uma subclassificação, a *dark web*.

---

[5] Google LLC é uma empresa multinacional de serviços *on-line* e software dos Estados Unidos. É o motor de busca mais conhecido e utilizado do mundo.
[6] Bing é o motor de pesquisa da Microsoft.
[7] A empresa foi uma das pioneiras nos primórdios da era da internet na década de 1990. É globalmente conhecida pelo seu portal *web* e motor de busca *Yahoo! Search*.

A *surface web* é constituída, basicamente, por páginas, sites e conteúdos que utilizam a arquitetura de redes cliente/servidor, onde existem computadores "especiais" encarregados de prover serviços aos seus clientes. Essas máquinas hospedam páginas *web*, serviços de e-mail, banco de dados, arquivos e muitos outros serviços utilizados diariamente por pessoas e empresas.

Não obstante o conceito *deep web* seja ainda muito novo para a grande maioria das pessoas, na década de 90 o termo "rede escondida" – *hidden web* – já era citado por alguns estudiosos. No ano de 1994, por exemplo, o Dr. Jill Ellsworth mencionou pela primeira vez a expressão "rede invisível" para se referir ao conteúdo de informação "invisível" para os mecanismos de busca convencionais[8].

Para Bergman (2001), primeiro a mencionar o termo *deep web*, os motores de buscas convencionais se limitam a apresentar aos usuários os resultados de buscas apenas daquilo que está na superfície. Ao defender seu ponto de vista, o autor representou graficamente sua ideia como sendo um barco onde a pesquisa do usuário é uma rede de pesca e os resultados são os peixes que ele consegue capturar[9].

Segundo seu estudo, para ter acesso ao conteúdo "invisível" ou aos "peixes" maiores e raros, são necessárias outras técnicas; utilizar redes de pescas e equipamentos adequados para alcançar águas mais profundas, ou seja, a *deep web*.

Uma leitura atual para essa analogia pode ser apresentada como uma plataforma de petróleo, onde é necessário ir até as profundezas do oceano para se extrair o ouro preto.

Figura 1 – Figura esquemática da extração de petróleo em águas profundas

---

[8] JAHANKHANI, Hamid; WATSON, David Lilburn; ME, Gianluigi; LEONHARDT, Frank (eds.). **Handbook of Electronic Security and Digital Forensics.** Singapore: World Scientific, 2010, p. 268.

[9] Artigo publicado em 2001 por Michael K. Bergman intitulado de *The Deep web: Surfacing Hidden Value*, cuja tradução livre para o português é "Rede Profunda: Valores Escondidos da Superfície".

A doutrina diverge ao tratar sobre os conceitos de *deep web*. Parte dela defende a presença de quatro requisitos básicos (descentralização, segurança, anonimidade e codificação-aberta), enquanto outros pugnam a existência de apenas um ou outro, principalmente a descentralização e o anonimato e, subsidiariamente, ao fato de seu conteúdo não estar indexado e/ou disponível de forma exacerbada na "internet comum".

A *deep web* é, portanto, composta por redes de computadores que têm como características o anonimato, a criptografia, a descentralização e a codificação aberta, e cujo conteúdo não é "visível" pelas ferramentas de busca convencionais. A arquitetura de redes predominante é a ponto a ponto (P2P), ou seja, dispensa um servidor central, cenário no qual todos os componentes (pontos ou nós) funcionam ora como cliente, ora como servidor.

O exemplo mais clássico de rede tipicamente dentro dos conceitos de *deep web* é a Tor[10]. Nessa rede estão presentes as quatro características básicas listadas anteriormente e por isso ela é, muitas vezes, associada erroneamente ao próprio conceito de *deep web*. Por outro lado, redes utilizadas para o *download* de arquivos, como *torrents*[11] e P2P, apresentam apenas uma ou outra dessas características. Mas não é possível classificar essas redes como pertencentes à *surface web*, já que seus respectivos conteúdos não estão indexados por lá, além de serem, em geral, totalmente descentralizadas. Resta-nos, portanto, inseri-las dentro dos conceitos da *deep web* ou então criar uma terceira classificação doutrinária, nominando-as como "redes descentralizadas".

De acordo com as informações trazidas nessa discussão, listaram-se algumas redes, tendo como parâmetro as características daquelas puramente *deep web*:

---

[10] Tor é um software livre e de código aberto que proporciona a comunicação anônima e segura ao navegar na internet e em atividades *on-line*, protegendo contra a censura e, principalmente, preservando a privacidade do usuário.

[11] *Torrent* é um arquivo contendo metadados utilizados pela rede de compartilhamento de arquivos BitTorrent.

Rede/sistema	Descentralizada	Segura	Anônima	Código aberto
Stealthnet: sistema para compartilhamento de arquivos P2P anônimo.	Sim	Sim	Sim	Sim
BitTorrent: protocolo para compartilhamento de arquivos via *swarming* (enxame). Permite aos usuários da rede fazerem *download* de arquivos em partes e de vários computadores ao mesmo tempo, dispensando servidores centrais.	Sim	Não	Não	Sim
Zeronet: rede anônima para publicação de *sites* que utiliza criptografia e conexões P2P, funcionando semelhante ao BitTorrent.	Sim	Sim	Sim	Sim
Resilio: rede para compartilhamento de arquivos, privada e descentralizada (P2P)	Sim	Sim	Não	Sim

Por outro lado, a *dark web,* ou *darknet,* é a rede da *deep web* ou parte dela com características de um alto grau de anonimato e segurança exigido e é utilizada, como regra, para o cometimento de ilícitos criminais e práticas escusas. É empregada por usuários de internet, ativistas políticos, *hackers* e criminosos, notadamente por garantir privacidade nas comunicações e/ou a não aplicação da lei penal.

A rede Freenet[12], por exemplo, possui essa função. Nesse modo de funcionamento, os usuários devem ser considerados "amigos de confiança" para, só assim, poderem fazer parte dela. Os demais usuários sequer saberão da existência desta *darknet*, tampouco qual o tipo de conteúdo compartilhado. Dessa forma, o conceito de *darknet* abrange não só o conteúdo altamente sensível (imoral, ilegal, secreto ou restrito a apenas um grupo de usuários), mas também o alto grau de anonimato e segurança exigido pelos componentes dessa rede "obscura".

Em suma, a inclusão ou não de uma rede como integrante da *deep web* não se dá pelo simples fato de ela possuir ou não conteúdo indexado na superfície, mas também pelo seu enquadramento dentro das características outrora discutidas, principalmente em relação à descentralização, ou seja, a ausência de servidores centrais, seguidas pelo anonimato e pela segurança.

---

[12] Freenet é uma plataforma de comunicação anticensura através de rede distribuída.

1.2. Características da *deep web*

A arquitetura de redes predominante na *deep web* é a ponto a ponto[13] (P2P), ou seja, descentralizada, pois dispensa um servidor central. Todos os componentes (pontos ou nós) funcionam ora como cliente, ora como servidor, estabelecendo entre si uma verdadeira via de mão dupla.

Durante a transmissão de um arquivo, cada nó pode fornecer partes menores desse arquivo, que, ao final, será "montado" e apresentado em sua forma integral. Quando, no decorrer dessa transferência, um dos nós se desconectar da rede, o ponto solicitante receberá a parte faltante de outro nó presente na rede. Esse tipo de funcionamento é tipicamente utilizado por redes ponto a ponto de compartilhamento de arquivos.

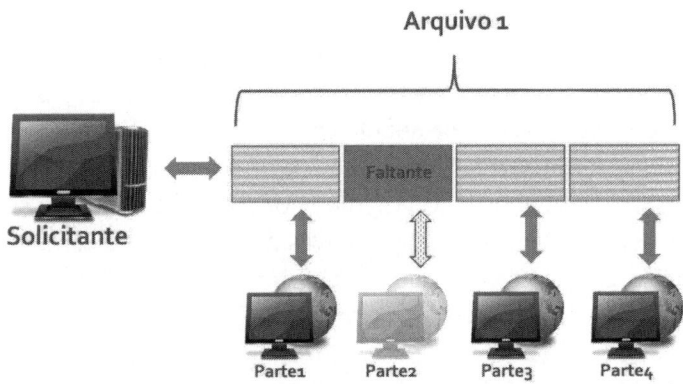

Figura 2 – Transferência de partes de um arquivo

Todo esse gerenciamento de conexão e tráfego é realizado pelo software escolhido para navegação e troca de arquivos nas mais variadas redes que operam na d*eep web*. Assim, o serviço estará sempre disponível, diferentemente do que acontece na arquitetura de rede convencional encontrada na *surface web*, onde, caso o servidor fique *offline* (desligado), todos os clientes dependentes dele ficarão sem as suas respectivas respostas.

Por conseguinte, uma das principais características da *deep web* é a própria descentralização dos nós de conexão. Assim, analisando as principais redes que operam nesse ambiente, foi possível destacar mais três características predominantes, quais sejam:

---

[13] *Peer to peer,* ou simplesmente ponto a ponto, com sigla P2P, é uma arquitetura de redes de computadores na qual os nós funcionam como cliente e servidor simultaneamente, permitindo o compartilhamento de dados sem a necessidade de um servidor central.

a) **Anonimato:** o principal objetivo da utilização de redes cujo conteúdo não é indexado na *surface web* é proporcionar anonimato a seus usuários. Nesse cenário podemos destacar: pessoas comuns na busca de conteúdo com garantia de privacidade; blogueiros, ativistas e jornalistas, para a publicação de suas opiniões, ideias, críticas e denúncias, principalmente em regiões do globo onde a censura governamental, política e de grupos extremistas não permite que certos conteúdos sejam levados ao conhecimento das pessoas de outros países, além dos criminosos que buscam meios para não serem alcançados pela aplicação da lei penal.

b) **Segurança:** essa peculiaridade decorre da conexão criptografada entre os nós componentes da rede. No *handshake*, ou seja, durante o fechamento da conexão entre os nós, é criado um canal de comunicação (túnel) criptografado ponto a ponto. Por conseguinte, mesmo que os pacotes sejam interceptados em algum momento da conexão, permanecerão cifrados e totalmente ilegíveis para aqueles que estão tentando identificar o conteúdo daquela comunicação.

c) **Código aberto:** relaciona-se com o poder de mutação e constante melhoramento dos mecanismos de anonimato e segurança das redes que operam na *deep web*. Um software de código aberto ou *open source* é aquele que pode ser manipulado por um usuário/programador de forma a eliminar suas vulnerabilidades e/ou problemas e propor novas funcionalidades e melhoramentos, a fim de beneficiar a comunidade de usuários. Essa característica não é peculiar apenas de redes que operam na *deep web*, sendo muito utilizada por programadores de software da *surface web*, principalmente aqueles utilizadores de sistemas operacionais baseados em Linux[14].

Portanto, conforme demonstrado, a doutrina tem se apoiado nessas quatro características para classificar uma rede no conceito de *deep web*: descentralização, anonimato, segurança e código aberto.

1.3. A *deep web* e seu conteúdo

A afirmação de que a *deep web* é formada por camadas e, à medida que se desce um nível, mais segredos serão encontrados não encontra respaldo técnico e nem conceitual, pois, como já exposto, ela é formada por várias redes distintas, não persistindo, portanto, nenhuma hierarquia.

---

[14] Linux é o termo geral utilizado para designar o núcleo do sistema operacional Linux. Foi desenvolvido pelo programador finlandês Linus Torvalds. O seu código-fonte está disponível sob a licença GPL, para que possa ser utilizado, estudado, modificado e distribuído livremente por qualquer pessoa, de acordo com os termos da licença.

O acesso ao conteúdo pode ser considerado mais ou menos difícil, não pelo fato de estar presente em um nível mais profundo, mas em razão de os programadores, ou até mesmo o usuário que disponibilizou o acesso, terem definido regras distintas: criptografia, senha, distribuição do endereço para comunidades fechadas, mudança constante de formas de acesso, dentre outras.

Um exemplo disso é o software Gigatribe[15], o qual funciona sob os conceitos de uma rede ponto a ponto pública, não obstante exija usuário e senha para acesso à plataforma. Passo seguinte, aplica uma camada de criptografia no compartilhamento dos arquivos e restringe o seu acesso à comunidade de participantes da rede formada por usuários de confiança.

A famosa analogia com o iceberg[16] só faz sentido do ponto de vista conceitual doutrinário. Esse modelo que se segue representa de forma didática os conceitos de *surface* e *deep web*. Não há que se falar em camadas, sendo o nível mais baixo ou obscuro aquele representado pela *Mariana's web*, referência direta à Fossa das Marianas[17].

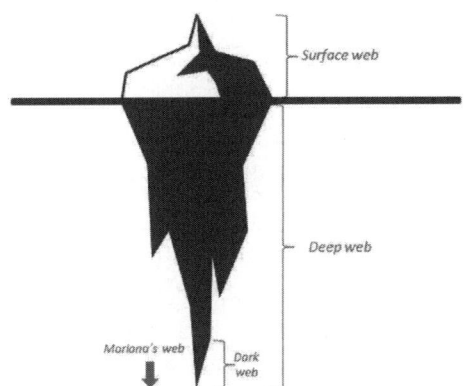

Figura 3 – Modelo conceitual de internet

A *deep web* disponibiliza uma infinidade de conteúdos, não porque ela seja especial ou contenha os segredos do universo, mas em decorrência de inúmeras redes ora disponíveis. Costumeiramente, a doutrina utiliza-se do exemplo do iceberg para fa-

---

[15] É uma rede P2P privada de compartilhamento de arquivos, ao contrário das redes P2P convencionais que são públicas, proporcionando certo anonimato aos seus usuários.

[16] Iceberg é um bloco ou massa de gelo de grandes proporções que se desprende de uma geleira. Apenas cerca de 10% da sua massa emerge à superfície, enquanto o restante fica abaixo do nível da água.

[17] A Fossa das Marianas é o local mais profundo dos oceanos, atingindo uma profundidade de cerca de 11.000 metros. Localiza-se no Oceano Pacífico, a leste das ilhas Marianas, próximo às Filipinas.

zer uma analogia da relação *deep web* com a *surface*, em razão de o iceberg possuir entre 6% e 10% de sua massa acima da superfície da água, percentual proporcional à *surface web*, conforme demonstrado na ilustração. Dessa maneira, a maior parte de todo o conteúdo existente na internet pode ser encontrada nas mais variadas redes que compõem o ciberespaço da *deep web*.

Então qual seria o porquê dessa discrepância?

Uma das explicações decorre do compartilhamento de arquivos ponto a ponto (P2P) por qualquer usuário através de redes descentralizadas. Serviços como eDonkey, Gnutella e BitTorrent representam parcela considerável de todo o tráfego de conteúdo de arquivos da internet. Outro fator que colabora com a afirmação é a alta disponibilidade de material ilícito (drogas, armas e objetos roubados; abuso e exploração sexual infantojuvenil; "pirataria" de software, filmes e músicas) em redes como Tor, Freenet e I2P[18], diferentemente da oferta na *surface web*. Por fim, seu emprego tem forte adesão na disponibilidade de arquivos de cunho político-cultural censurado em alguns países do globo.

Existe, na *deep web*, muito misticismo, coisas de outro mundo, fórmulas mágicas, teorias da conspiração, dentre outros. Esse tipo de material também pode ser encontrado na *surface web*. Não obstante, o misticismo por detrás é tamanho que, se uma dessas histórias foi extraída da *deep web*, logo é tachada como verdadeira. Não é pelo fato de um documento, um vídeo ou outro material qualquer se encontrar em determinada rede que haverá um maior grau de autenticidade nessa publicação.

Apesar da quantidade e da variedade de conteúdos existentes nas redes da *deep web*, ela, por si só, não é um oráculo. Caso o usuário procure nela por algo muito específico, poderá não encontrar, igualmente como acontece na *surface web*.

1.4. As redes mais populares da *deep web*

Não é possível estimar a quantidade de redes distintas que operam na *deep web* ou mesmo se há um motor de busca proficiente para realizar as pesquisas em seu ambiente como o são o Google, o Bing e o Yahoo na *surface web*. A forma mais simples de encontrar conteúdos na *deep web* é através dos diretórios de *links*, ou seja, sites

---

[18] Trata-se do Projeto de Internet Invisível, do inglês: *Invisible Internet Project*. Permite a publicação de *eepsites*, *blogs*, transferência de arquivos de forma anônima e segura.

especializados em catalogar listas atualizadas de endereços das páginas com o conteúdo desejado a ser buscado. Outra maneira é fazer parte de algum grupo ou fórum de discussão com *link* de conteúdos de interesse, os quais podem ser postados até mesmo na *surface web*, via *chat* (bate-papo), Facebook ou WhatsApp. Todavia, o *link* permitirá acesso apenas pelo software daquela determinada rede com permissão de navegação na *deep web*.

A título de exemplo, pode-se mencionar um caso no qual o usuário publica na sua *timeline* do Facebook um endereço fictício http://manuais2th15qvc.onion, com manuais raros de configuração de rádio amador. Ao observar a extensão ".onion", os usuários devem ter em mente que se trata de um endereço da rede Tor, acessível pelo navegador de mesmo nome, operando tipicamente na *deep web*.

A seguir, uma breve descrição das principais e mais conhecidas redes que são classificadas dentro do conceito de *deep web*.

2. Da rede Tor

Essa rede é constituída por computadores disponibilizados por voluntários ao redor do mundo, permitindo que seus usuários melhorem sua privacidade e segurança na internet. Por ser a mais popular, é, por vezes, confundida com a própria *deep web*. Seus sites nativos possuem a extensão *onion* (cebola – uma analogia às várias camadas existentes no protocolo de comunicação). Os principais diretórios de *link* são: Harry71, OnionDir, Parazite e HiddenWiki.

A *Electronic Frontier Foundation* define essa rede como

> Um software livre e de rede aberta que ajuda a contornar a censura na Internet, protegendo seu anonimato *on-line*. A rede Tor fornece a base para uma variedade de aplicações que permitem às organizações e aos indivíduos o compartilhamento de informações em redes públicas sem comprometer sua privacidade[19].

O acesso a ela é realizado através do navegador de mesmo nome e seu funcionamento é totalmente descentralizado, por meio da criação de um circuito formado, por padrão, de três relés/nós (clientes Tor) escolhidos aleatoriamente e distribuídos ao redor do mundo, os quais se comunicam ponto a ponto através de um túnel criptografado. Cada nó só conhece o conteúdo dos pacotes de seus vizinhos imediatos; caso um pacote seja interceptado, a criptografia garantirá o princípio da segurança. O protocolo de internet[20] requisitante de uma página *web* será sempre do último nó (o relé de saída), e não do usuário que de fato solicitou a página, o que garante, assim, o princípio do anonimato.

---

[19] ELECTRONIC FRONTIER FOUNDATION. **How to Help Protect Your Online Anonymity Using Tor.** Disponível em: <https://www.eff.org/files/filenode/basic_tor_intro_guide_fnl.pdf>. Acesso em: 27 maio 2019.
[20] Protocolo de internet ou *Internet Protocol* é um protocolo de comunicação. Está presente na camada intitulada camada de rede. Em termos práticos, é o endereço lógico que um dispositivo informático deve possuir para se conectar à internet.

Os usuários se interligam através de uma série de túneis virtuais, semelhante a uma VPN[21], diferentemente da navegação convencional, em que o cliente deve se conectar diretamente a um servidor (a chamada arquitetura cliente/servidor, já que permite a organizações e a indivíduos capturar e compartilhar informações dos usuários). Na rede Tor, por sua vez, a arquitetura cliente/servidor não se configura, em razão da navegação anônima, ainda que o acesso a *sites* tenha ocorrido através de redes públicas.

Em termos mais práticos, os usuários dessa rede procuram privacidade para acessar e publicar qualquer tipo de conteúdo, sem os riscos de uma identificação posterior, uma vez que a conexão não poderá ser rastreada, garantindo-lhes uma navegação sem a coleta de suas informações. Além disso, é possível realizar a publicação de páginas com o sufixo *onion*[22] sem a necessidade de revelar o local de hospedagem do *site*, que, em alguns casos, poderá estar até mesmo armazenado localmente no próprio computador do usuário.

A função da Tor é proporcionar o contorno da censura, permitindo aos seus usuários a obtenção de conteúdo, notadamente em países com diversas restrições ao livre acesso à internet.

Em setembro de 2016, uma falha expôs a "internet da Coreia do Norte", país asiático muito famoso pelo seu fechamento político e territorial. Os contáveis 28 sites que podem ser acessados pela população norte-coreana foram monitorados durante o processo de correção da falha.

Matéria publicada pelo *site* da Revista Veja[23] em 21 de setembro de 2016 traz informações com relação ao acesso à tecnologia e à informação na Coreia do Norte:

> Criada em 2000, a intranet norte-coreana só permite o acesso a sites aprovados pelo governo. O acesso à internet na Coreia do Norte é liberado para quem possui computador, mas a compra do equipamento, que pode custar meses de salário, depende de aprovação do governo. Portanto, dos 25 milhões de norte-coreanos, poucos milhares conseguem navegar na internet.

---

[21] Rede privada virtual, do inglês *Virtual Private Network* (VPN), é uma rede de comunicações privada construída sobre uma rede de comunicações públicas, como a internet.
[22] *Onion* é o sufixo utilizado em endereços nativos da rede Tor. Assim como na *surface* usam-se .com, .org, entre outros, o da rede *Tor* é o *onion*, acessível na *deep web*.
[23] FALHA expõe 'toda' a internet da Coreia do Norte: 28 sites. **Veja**, 21 set. 2016. Disponível em: <https://veja.abril.com.br/mundo/falha-expoe-toda-a-internet-da-coreia-do-norte-28-sites/>. Acesso em: 27 maio 2019.

A organização não governamental Repórteres Sem Fronteiras[24], por exemplo, recomenda a utilização do Tor para assegurar anonimato como plena expressão das liberdades civis, asseverando que "a comunicação segura e não monitorada só pode ser estabelecida através de métodos confiáveis de serviços de anonimato descentralizado como a rede Tor[25]".

Em alguns casos, essa rede é utilizada para a comunicação de natureza sensível, em salas de bate-papo e em fóruns diversos sobre abuso sexual; ou seja, em abordagens de temáticas que dificilmente seriam tratadas de forma anônima na *surface web*.

Pesquisadores do King's College apontam o uso dessa rede para as mais diversas finalidades, dentre as quais o tráfico de drogas, transações financeiras ilícitas e abuso e exploração sexual infantil[26]. A garantia de anonimato e a segurança dos pacotes de dados atrai organizações criminosas para a prática de várias modalidades delitivas. Flanagan (2015) enfatiza essa utilização na condução de um procedimento investigativo:

> Tor é a ferramenta a qual o governo ou os órgãos de persecução penal podem usar para conduzir investigações. Alguns riscos potenciais que os investigadores devem levar em consideração ao usar a internet são: a possibilidade de destruição de provas, colaboração de testemunhas, desaparecimento de suspeitos, testemunhas e valores ligados a um crime. O anonimato dos investigadores e analistas é essencial na condução e na conclusão de uma investigação de qualidade e em tempo hábil. A Tor oferece essa oportunidade para essas agências, tornando seus integrantes anônimos[27].

Goodman (2015) ressalta a utilização de tecnologias disponíveis na facilitação da prática criminosa[28]:

---

[24] Organização internacional não governamental fundada em 1985. Com sede em Paris, França, tem como escopo a defesa da liberdade de imprensa em nível mundial.

[25] REPORTERS Without Borders and Torservers.net, partners against online surveillance and censorship. **Reporters Without Borders**, Apr. 25 2014, Atualizado em Jan. 25 2016. Disponível em: <https://rsf.org/en/news/reporters-without-borders-and-torserversnet-partners-against-online-surveillance-and-censorship>. Acesso em: 24 maio 2019.

[26] MOORE, Daniel; RID, Thomas. Cryptopolitik and the Darknet, **Survival, Global Politics and Strategy**, vol. 58, n. 1, 01 Feb. 2016, p. 7-38. Disponível em: <https://www.tandfonline.com/doi/full/10.1080/00396338.2016.1142085>. Acesso em: 24 maio 2019.

[27] FLANAGAN, Jessica. **Using Tor in cybersecurity investigations**. Utica College, Dec. 2015, p. 9-10.

[28] GOODMAN, Marc. **Future Crimes:** tudo está conectado, todos somos vulneráveis e o que podemos fazer sobre isso. São Paulo: HSM, 2015, p. 188-189.

> Os fora da lei são particularmente adeptos do uso e da exploração de tecnologias criadas por outros para os próprios fins, sempre em busca de novas oportunidades. Assim que os *smartphones* com acesso à internet entraram na moda, os grupos de crime organizado na cidade do México começaram a usá-los para fins de pesquisa. O que eles estavam pesquisando? Quem sequestrar, é claro! Os executivos que chegavam ao Aeroporto Internacional da Cidade do México representavam uma miscelânea de potenciais vítimas de sequestro. Equipes do crime organizado implantadas no aeroporto haviam se posicionado na área de chegada, ao lado da esteira de bagagem, onde as filas de motoristas elegantemente vestidos esperavam os executivos que haviam contratado seus serviços. As gangues criminosas no aeroporto utilizavam as informações nos cartazes dos motoristas para pesquisar sobre os executivos na internet por meio de seus *smartphones* e descobrir seus cargos na empresa e o patrimônio líquido. Vários executivos foram sequestrados ou mortos com o uso da técnica de pesquisa via *smartphone*.

Barreto e Nery (2018) enfatizam os problemas decorrentes utilização de tecnologias no incremento das ações criminosas:

> A utilização de tecnologia pelos criminosos tem dificultado sobremaneira a investigação policial. Buscavam-se, outrora, testemunhas e outros dados no ambiente físico para elucidar um fato. Nos dias que correm, representamos por elementos informativos imprescindíveis para individualizar a autoria e materialidade delitiva, dentre os quais: registros de conexão e de acesso a aplicação de internet, dados em nuvem e armazenados em dispositivos informáticos bloqueados e dados em movimento (conteúdo de comunicações de e-mail, redes sociais e aplicativos de mensageria). Alguns avanços tecnológicos trazem embaraços na busca por esses dados de interesse da investigação. Especialmente quando se trata de conteúdo comunicacional encriptado ou quando se trata de dispositivo com algum tipo de bloqueio ou chave para acesso[29].

Por outro lado, policiais e agentes de inteligência utilizam a Tor para a coleta de dados em fontes abertas sem deixarem seus dados expostos a uma posterior identificação. Emprega-se na coleta de conteúdo de perfis em redes sociais e até mesmo na interação com seus alvos sem que estes visualizem que a conexão está sendo feita com integrantes de uma organização governamental. Nesse sentido, o anonimato, que representa um entrave durante investigações policiais, também serve de trunfo

---

[29] BARRETO, Alesandro Gonçalves; NERY NETO, José Anchieta. Going Dark: os desafios da polícia judiciária na atribuição da autoria delitiva. **Revista Mercopol**, Edición Paraguay, ano XI, n. 11, nov. 2018, p. 16.

para a coleta de informações. As polícias usam a Tor para visitar ou vigiar sites da *web* sem deixar endereços IP do governo em seus registros da *web* e para a segurança durante operações de busca[30].

Acrescente-se, por oportuno, que o fato de utilizar a Tor não garante, por si só, o anonimato do usuário. Ao acessar uma determinada aplicação de internet com *login* e senha, o internauta poderá ser identificado, ainda que esteja utilizando essa rede. Noutra banda, quando ocorre *download* de arquivos durante a utilização, poderá haver uma conexão direta à internet, revelando informações identificadoras de usuário. O anonimato só será garantido, portanto, quando essa rede for utilizada com cuidados específicos.

Portanto, o anonimato na rede Tor ou qualquer outra rede semelhante é relativo. Não adianta o sistema proteger o IP do usuário se ele, durante a navegação e/ou a interação com as páginas e pessoas do outro lado da conexão, fornecer dados pessoais de forma que possa ser identificado no futuro. Assegurar o anonimato depende do uso adequado do software de rede pelos internautas.

2.1. A rede Tor e suas peculiaridades

A rede Tor é responsável pela construção de rotas de comunicação entre o usuário e o computador de destino, de forma que a conexão não seja formada por cliente e servidor, diferentemente da "internet comum", que funciona conforme diagrama a seguir:

Figura 4 – Modelo cliente/servidor da "internet comum"

O modelo esquemático anterior representa uma conexão cliente/servidor através da "internet comum", na qual a "nuvem" representa todas as abstrações da arquitetura.

O conceito da rede Tor consiste na criação de um caminho sinuoso e aleatório, com nós "atravessadores" entre o cliente e o servidor, a fim de despistar e apagar os rastros indicativos dos caminhos que os pacotes de dados percorreram até chegarem aos respectivos destinos.

---

[30] TOR. **History**. Disponível em: <https://www.torproject.org/about/history/>. Acesso em: 28 maio 2019.

Um dos grandes atrativos do Tor *browser* é a permissão para navegar pela própria *surface web*, o que garante ao usuário o anonimato e a não coleta massiva de dados por grandes corporações, os quais viriam a ser utilizados, inevitavelmente, em propagandas, *spam*[31] ou para outros fins semelhantes.

2.2. Funcionamento da rede

Inicialmente, o usuário precisa fazer o *download* do navegador Tor, disponível na página oficial do projeto[32]. O Tor *browser* é similar aos navegadores convencionais, como o Mozilla Firefox, o Google Chrome e o Internet Explorer. Para demonstrar sua instalação, valemo-nos da versão 8.0.1 do navegador em sua configuração padrão.

Passo 1) O cliente Tor (navegador) conecta-se a um servidor de diretório com uma lista de todos os *nodes* (nó, relé). Essa lista contém *nodes* especiais, chamados de *Entry Guard* ou *Guard* (guarda de entrada ou simplesmente guarda). Adiante, apresentaremos uma discussão mais aprofundada sobre as características do guarda:

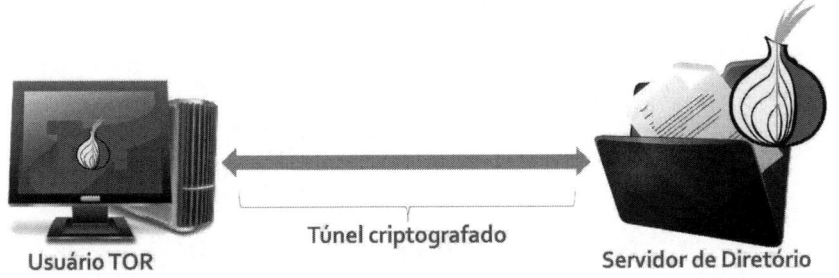

Figura 5 – Servidor de diretório TOR

A segurança, um dos principais atributos dessa rede, já é perceptível de pronto. Logo na primeira requisição do software Tor para o servidor de diretório, observa-se a criação de um túnel criptografado que permite a transmissão da lista de "guardas" de forma segura para o cliente que acabou de se conectar à rede.

Passo 2) Nessa fase, o cliente Tor (navegador) recebe aleatoriamente o primeiro nó – *Entry guard* – o qual permanece com o mesmo usuário, utilizando o mesmo IP de entrada, por dois ou três meses. Trata-se de um nó Tor rápido, estável e seguro.

---

[31] *Sending and Posting Advertisement in Mass*. Envio de publicidade em massa.
[32] Disponível em: <https://www.torproject.org/download/>. Acesso em: 28 maio 2019.

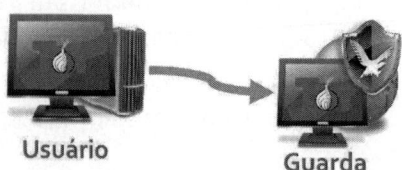

Figura 6 – *Entry Guard* ou guarda de entrada

A partir do guarda de entrada, o software Tor escolhe aleatoriamente mais dois nós ou relés para completar o circuito, os quais podem estar distantes geograficamente um do outro, conforme mostra a figura a seguir:

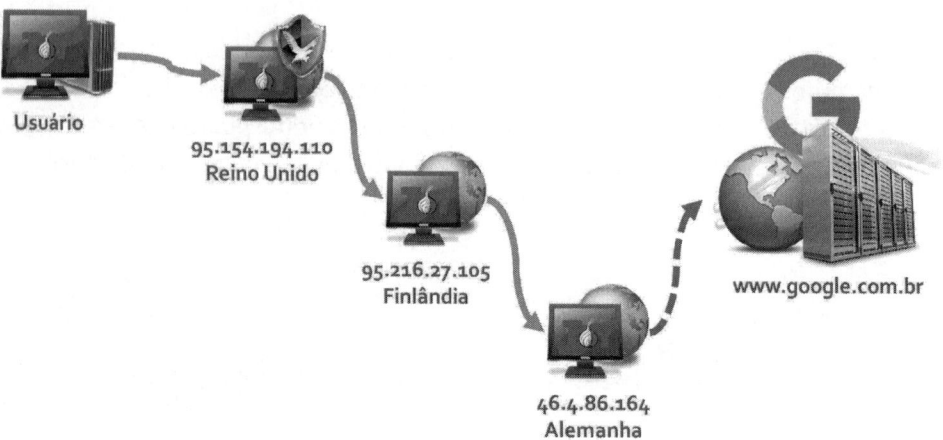

Figura 7 – Circuito Tor para acessar o *site* do Google

As três primeiras flechas indicam que o *link* possui conexões criptografadas ao longo do circuito. Cada nó ou relé só conhece o conteúdo dos pacotes dos seus respectivos vizinhos, garantindo a segurança das informações trafegadas por eles.

Por outro lado, é possível observar no esquema do diagrama a conexão entre o último relé e o servidor *web* do Google, conforme apresentado na linha tracejada. Ou seja, a conexão do último nó com o destino não é criptografada. Não se trata, pois, de atestar a segurança do servidor Google, mas sim do fato de a última conexão não possuir o mesmo protocolo de segurança dos demais nós da rede Tor.

Especialistas em segurança afirmam existir uma vulnerabilidade na segurança da Tor a partir do momento em que o servidor *web* do Google responder à requisição do usuário ao nó, em razão de essa conexão se encontrar descriptografada.

Infere-se, portanto, que o software Tor não serve apenas para navegar na *deep web*, em páginas com a extensão *.onion*, mas pode também ser utilizado para acessar qualquer conteúdo da "internet comum", com a vantagem de proporcionar anonimato aos usuários. O IP capturado durante a navegação será o do último nó Tor que realizou a conexão com o servidor, e não o IP do usuário real requisitante de determinada página.

Passo 3) A cada nova página ou serviço solicitado, o circuito Tor muda aleatoriamente, com exceção do IP do guarda, que se mantém estável por até três meses, conforme demonstrado na requisição da página do UOL.

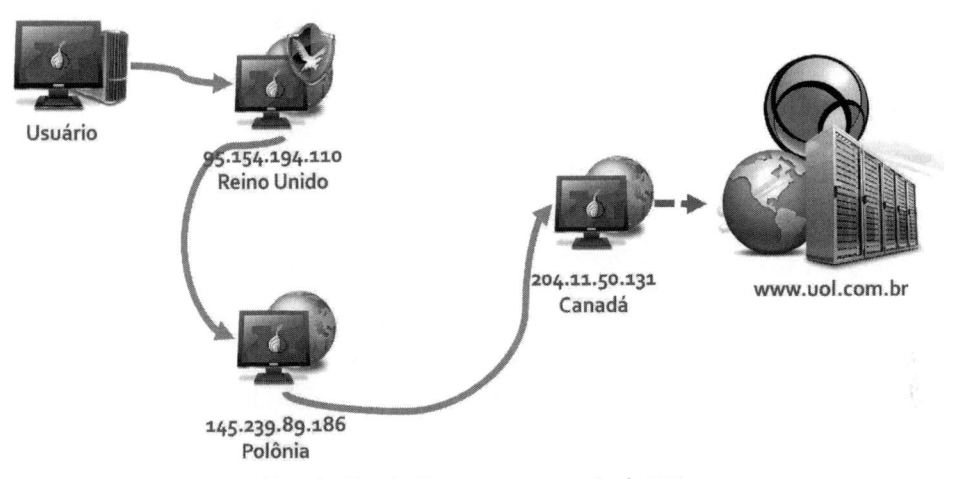

Figura 8 – Circuito Tor para acessar o *site* do UOL

Na Figura 8, demonstramos uma solicitação ao navegador Tor para acessar a página do UOL, observando, todavia, a manutenção estável da "guarda de entrada" com o mesmo IP utilizado para iniciar o circuito que acessou a página do Google (figura anterior). Agora, para acessar o *site* do UOL, o caminho mudou, ficou mais sinuoso, mas isso é indiferente, meramente conceitual, posto que a internet não reconhece fronteiras físicas.

Para chegar ao Google, utilizou-se o IP 46.4.86.164 de um usuário Tor na Alemanha, todavia, na conexão ao *site* do UOL, o endereço IP utilizado foi 204.11.50.131 de um nó do Canadá.

Portanto, observou-se que a principal função da rede Tor é, através da construção de um circuito de nós, utilizando comunicação criptografada, garantir a segurança e o anonimato dos pacotes de dados dos usuários, posto que o IP capturado pelas aplicações na internet será qualquer outro distinto daquele que fez a requisição.

2.3. O guarda de entrada

Inicialmente, necessário se faz recapitular algumas nomenclaturas utilizadas no circuito de conexão da rede Tor:

- ✓ **Entry Guard:** guarda de entrada. É o primeiro nó do circuito Tor e, geralmente, mantém o mesmo IP por até três meses.
- ✓ **Exit Node:** é o nó de saída Tor, ou seja, o último IP do circuito. Tem a função de se comunicar com o computador que tem a resposta requerida.
- ✓ **Relay:** são todos os nós que compõem o circuito da rede. Por padrão, a Tor opera com três, todavia é possível modificar este parâmetro para que ela opere com um número maior de relés, impactando na diminuição da velocidade, pois o circuito ficará mais longo.

Feitas essas considerações, será apresentada uma pequena descrição do estudo que levou os projetistas da rede Tor a adotarem o tempo médio de três meses para utilização de um mesmo guarda de entrada[33].

- ✓ **Prevenção de ataque predecessor:** assegura integridade ao relé de entrada, o qual se mantém estático pelo período de dois a três meses. Na prática, a ausência de um guarda de entrada estático e conhecido poderia dar a chance de um invasor configurar várias máquinas executando o software Tor que, em algum momento, poderia assumir o papel do guarda e interceptar a conexão, em razão de as escolhas dos nós serem sempre aleatórias.
- ✓ **Prevenção de ataque DoS:** ataque de negação de serviço – *Denial of Service*. É a ação proposital de invasores objetivando tirar um serviço do ar por meio do "bombardeio" de solicitações, o que consome os recursos do sistema e causa sobrecarga nos processadores, além de estouros de memória RAM[34]. Trata-se de uma técnica de ataque muito utilizada na arquitetura cliente/servidor para tirar um *site* do ar. No caso em específico da arquitetura Tor, se um guarda ficar muito tempo com essa função e for descoberto, o invasor poderá atacá-lo até deixar o serviço fora do ar.

---

[33] O software da rede Tor seleciona aleatoriamente, de uma lista, os relés que podem fazer o papel de guarda de entrada. Em suas primeiras versões, a Tor passou a receber muitos ataques de "nós falsos" que capturavam os pacotes dos dados de comunicação dos usuários, isso porque qualquer nó poderia ser um guarda de entrada. A arquitetura recebeu modificações e, atualmente, apenas os nós "certificados" podem pertencer à lista de guardas.

[34] *Random Access Memory* ou Memória de Acesso Aleatório: é a memória de acesso primário em sistemas eletrônicos digitais. É uma memória volátil, ou seja, só armazena dados enquanto ligada.

✓ **Integridade dos guardas de entrada:** para um nó ser elevado à categoria de guarda, ele terá que atender a requisitos de integridade e eficiência de conexão (velocidade). Não obstante, um invasor poderia simular um nó nessas condições e o disponibilizar na rede até receber a certificação de guarda e capturar clientes da rede. No cenário em que um usuário Tor já possui o seu guarda estático, não haverá abandono para utilização de outro, apenas após a expiração do período de dois ou três meses. Neste caso, o invasor terá que contar com uma estratégia de ataque de longo prazo e, além disso, contar com a sorte de ser escolhido aleatoriamente pela rede Tor como um novo guarda de entrada.

Enfim, o período de dois a três meses, aferido em testes, utilizando o mesmo guarda, representou requisito necessário para que a rede fosse considerada segura, no tocante a garantir que um guarda seja verdadeiro, bem como o limite para que não seja descoberto e se torne alvo de ataque de DoS.

2.4. Acessando a rede Tor

Após a realização do *download* do software Tor no endereço do projeto, o processo de instalação será extremamente simples, seguindo o mesmo padrão das instalações de programas em MS-Windows. A seguir, a tela inicial do navegador Tor após a sua instalação.

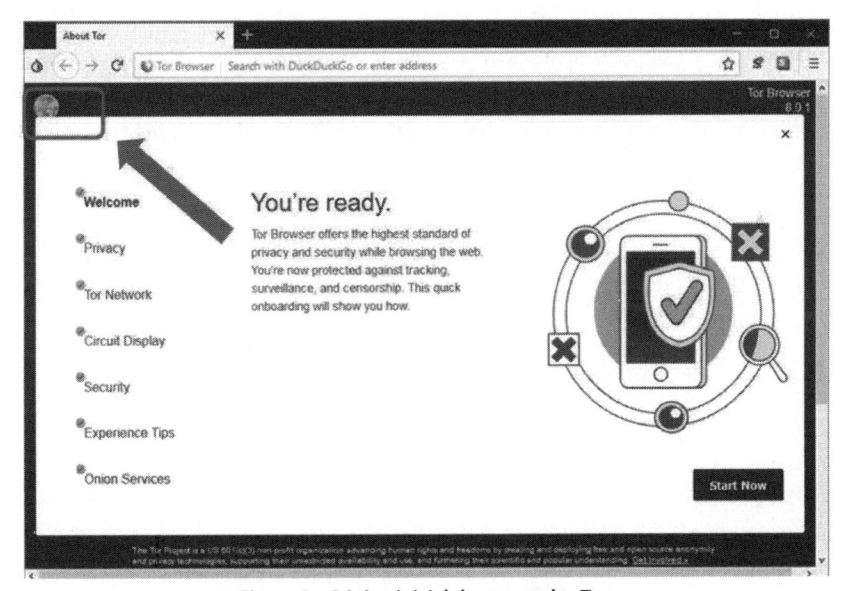

Figura 9 – Página inicial do navegador Tor

Essa demonstração do funcionamento do Tor *Browser* 8.0.1 será feita na sua configuração padrão. Ao clicar no ícone da figura de um planeta (destacado), serão representadas as informações sobre as características básicas da rede, conforme se segue:

- ✓ **Welcome:** mensagem de boas-vindas para assegurar que o usuário do Tor *browser* terá o mais alto padrão de privacidade e segurança durante a sua navegação na *web*, com proteções contra rastreamento, vigilância e censura.
- ✓ **Privacy:** nesse ponto o navegador Tor isola *cookies* e apaga o histórico de navegação após o fim da sessão.
- ✓ **Tor Network:** o navegador conecta o usuário à rede composta por milhares de outros usuários Tor em todo o mundo. Não existe um servidor central, mas, sim, vários computadores descentralizados servindo à rede com o software Tor em execução.
- ✓ **Circuit Display:** para cada página visitada, o tráfego dos pacotes é retransmitido e criptografado em um circuito de três relés Tor distribuídos ao redor do mundo. Assim, nenhum *site* sabe de onde partiu a conexão.
- ✓ **Security:** é possível realizar configurações adicionais de segurança no navegador e bloquear elementos que podem ser utilizados para atacar computadores, como *scripts java* e *plug-ins flash*.
- ✓ **Experience Tips:** com todos os recursos de segurança e privacidade fornecidos pela Tor, a navegabilidade pode ser mais lenta. Além disso, sites que usam muitos elementos gráficos e funções em *java* e *flash* podem não funcionar corretamente. Esse é o preço que se paga para a garantia de uma maior privacidade.
- ✓ **Onion Services:** são sites com terminação em *.onion*. Guardadas as devidas proporções, seria o *.com* (pontocom) da superfície. No entanto, os *sites* que utilizam essa extensão só podem ser acessados através do navegador Tor e não são indexados pelos motores de busca como o Google.

As informações anteriores são direcionadas para o usuário iniciante da rede Tor e estão acessíveis no ícone destacado na figura anterior. Trata-se de uma espécie de cartão de visitas da rede.

2.5. Realizando algumas conexões

A preocupação em assegurar o anonimato da rede é tamanha que a simples ação de maximizar o navegador faz com que o sistema apresente uma mensagem de alerta informando sobre a possibilidade de alguns sites poderem realizar o rastreio da conexão com base nas configurações do monitor.

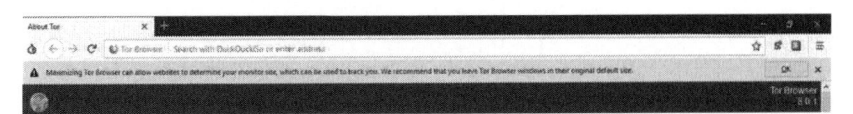

Figura 10 – Mensagem de alerta para não maximizar a janela do navegador

Neste próximo passo, demonstraremos o funcionamento do guarda de entrada ao se realizar a requisição da página do *site* do Google:

Figura 11 – Circuito para alcançar o *site* do Google

No caso ilustrado na Figura 11, a rede Tor montou um circuito com três nós. O primeiro, denominado guarda de entrada e com localização no Reino Unido, recebeu o IP 95.154.194.110 e estará disponível para o usuário por até três meses. Os demais IPs do circuito mudam a cada nova conexão ou a cada nova página visitada. Sem embargo, quando um usuário abrir duas ou mais páginas requisitando o mesmo endereço do Google, o circuito será sempre o mesmo; caso contrário, sempre um novo circuito. O caminho oferecido ao usuário para acessar o *site* do Google passará pelo Reino Unido (guarda), pelos Estados Unidos e pela Moldávia.

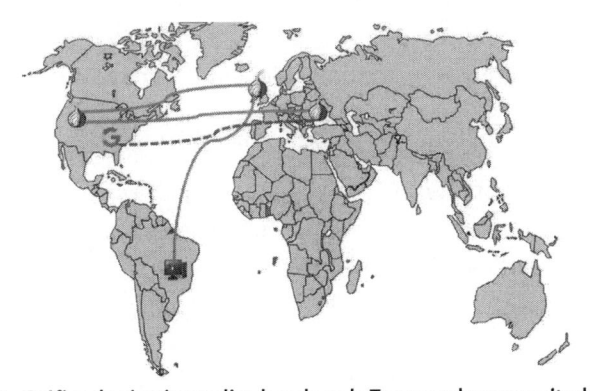

Figura 12 – Gráfico do circuito realizado pela rede Tor para chegar ao *site* do Google

Na representação gráfica da figura anterior é possível identificar a "viagem" que a requisição do usuário realizou, partindo do Brasil, passando pela Europa, pelos Estados Unidos, retornando para a Europa Oriental e, por fim, alcançando o servidor *web* do Google, localizado nos Estados Unidos.

O ícone em forma de cebola (Figura 13) representa metaforicamente a ideia central da arquitetura da rede Tor e, inclusive, dá nome ao projeto: *The Onion Route* – Roteador Cebola –, no qual cada relé/nó representa uma camada da "cebola".

Figura 13 – Logotipo oficial da rede Tor[35]

O anonimato do usuário será garantido através de camadas de roteamento ao longo da conexão. Cada novo IP adicionado ao circuito representa uma camada da "cebola".

2.6. *Sites* nativos da rede Tor

Através do Tor *browser*, é possível acessar tanto *sites* da *surface web* como os nativos da rede com a extensão *onion*. A vantagem de se utilizar o navegador Tor para acessar *sites* da superfície é que ele proporciona um mínimo de privacidade ao usuário, por não permitir, por padrão, o funcionamento de *plug-ins* e *scripts*, bem como por "esconder" o IP real do usuário.

Quando se tratar de *sites* nativos da rede Tor, há uma distinção da *surface web*. Nesse caso, não encontramos o conteúdo indexado, e a busca deverá ser feita por meio de diretório de *sites*, procedimento adotado inicialmente nos anos 90 para localizar um conteúdo na internet.

Como exemplo, podemos citar o "The Hidden Wiki[36]", espécie de Wikipédia da rede Tor, *site* que possui uma série de *links* para páginas com a extensão .*onion*, com os mais diversos assuntos. Nesse ambiente se encontram, inclusive, páginas em português do Brasil.

---

[35] Disponível em: <https://www.torproject.org/>. Acesso em: 28 maio 2019.
[36] <http://zqktlwi4fecvo6ri.onion/wiki/index.php/Main_Page>.

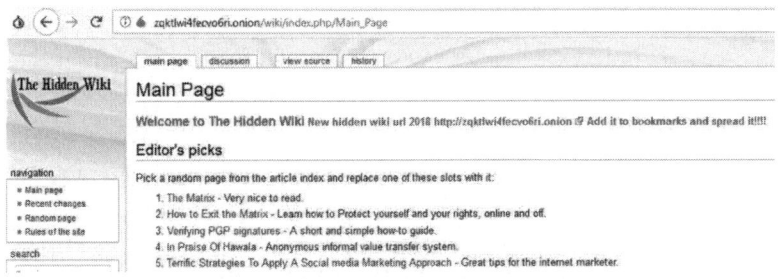

Figura 14 – "The Hidden Wiki" na rede Tor

É possível observar que os endereços com extensão .*onion* não são sugestivos, ou seja, não possuem uma nomenclatura amigável, como a da *surface web*. O "The Hidden Wiki", como visto, é uma miscelânea de letras e números praticamente impossíveis de memorizar.

Assim como no exemplo de acesso ao *site* do Google, demonstraremos a seguir o circuito construído pela rede para acessar um endereço nativo .*onion*:

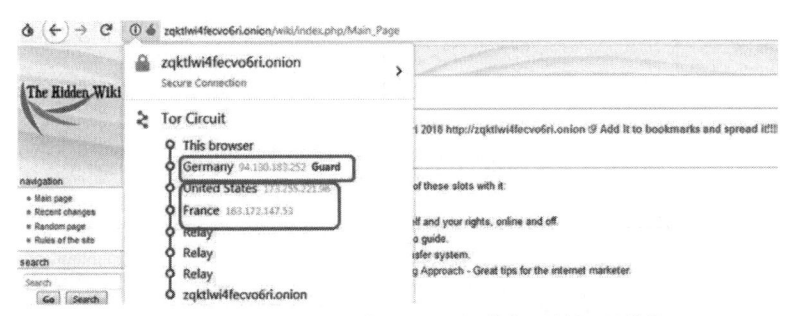

Figura 15 – Circuito para alcançar o *site* "The Hidden Wiki"

Observou-se, portanto, que uma das principais diferenças entre os sites comuns da *surface web* e aqueles acessíveis apenas pela rede Tor é a falta de nomes sugestivos para alcunhar o conteúdo de um *site*. Porém, isso não é regra, pois alguns *sites* hospedados na Tor podem possuir, sim, nomes que não sejam uma porção de letras e números.

2.7. Configurações de parâmetros de acesso aos relés Tor

O usuário poderá modificar alguns parâmetros no arquivo de configuração do navegador ou definir qual país ele deseja que seu nó de saída assuma. Essa técnica é utilizada para que o software Tor evite a construção de circuitos com nós de determinados países, notadamente para evadir-se da ação de vigilância eletrônica em massa.

Para configurar algumas dessas opções, o usuário deve editar o arquivo *torcc*, situado dentro da pasta do software Tor. Todavia, essa localização poderá ser distinta em outras versões. No Windows, por exemplo, ela pode ser encontrada no endereço: <local>*Tor Browser\Browser\TorBrowser\Data\Tor\torcc*. O termo <local> representa exatamente o ponto onde o usuário instalou a Tor. Após localizar o arquivo, recomenda-se fazer uma cópia idêntica para uma eventual restauração.

Figura 16 – Arquivo de configuração dos nós da rede Tor

O arquivo poderá ser acessado com o bloco de notas do Windows. Com o arquivo *torcc* habilitado para edição, o usuário pode configurar as ações que desejar, definindo, em certa medida, a construção do circuito de conexões da Tor, conforme apresentado na Figura 17:

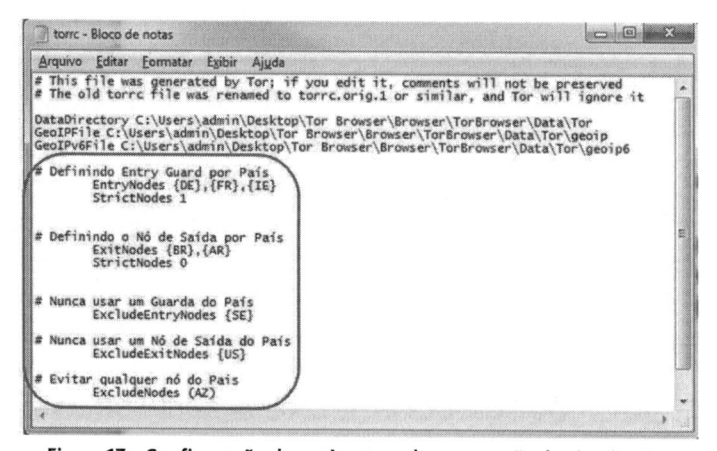

Figura 17 – Configuração de parâmetros de construção do circuito Tor

A seguir, serão apresentadas as funções a serem executadas pelo Tor *Browser*, quando utilizados os parâmetros anteriores inseridos nos arquivos de configuração.

2.7.1. Parâmetros de configuração

Antes da construção do circuito para a navegação do usuário, são inseridos no arquivo de inicialização *torcc* do Tor *Browser* várias linhas de comando que o sistema deverá observar.

Inicialmente, todas as linhas com o símbolo de *octothorpe* ou tralha (#) não serão interpretadas pelo sistema, figurando simplesmente como um comentário. Na linha seguinte temos o código *EntryNodes {IE},{DE},{FR}*, indicando para a rede Tor que ela deverá procurar um guarda de entrada da Irlanda, da Alemanha ou da França apenas, se e somente se o código *StrictNodes* estiver *setado* como 1. Caso contrário, se *StrictNodes* estiver com 0 (zero), o sistema dará preferências para estes países indicados, mas poderá escolher outros, caso não encontre nenhum guarda disponível.

---

(1) Definindo Entry Guard por País

EntryNodes {DE},{FR},{IE}

StrictNodes 1

Na sequência tem-se o código *ExitNodes {BR},{AR}*. Isso indica para a Tor que ela deverá procurar um nó de saída do Brasil ou da Argentina apenas, tão somente se o código *StrictNodes* estiver *setado* como 1. Caso contrário, se estiver como 0 (zero), o sistema dará preferência para esses países ou escolherá aleatoriamente outros, na ausência de nó disponível nos ambientes indicados.

---

(2) Definindo o Nó de Saída por País

ExitNodes {BR},{AR}

StrictNodes 0

Para finalizar, observe as linhas que contêm os códigos *ExcludeEntryNodes {SE}*, *ExcludeExitNode {US}* e *ExcludeNodes {US}*, com a indicação para a Tor nunca utilizar um guarda de entrada da Suécia e qualquer nó que tenha IP dos Estados Unidos. Já a linha de código *ExcludeNodes {AZ}* diz ao Tor para furtar-se de qualquer nó que passe pelo Azerbaijão. Assim, nosso caminho para acessar a página do YouTube ficou assim:

Figura 18 – Novo guarda de entrada para a construção de circuitos da rede Tor

No arquivo *torcc* editado foi determinado que a rede utilizasse apenas guardas de entrada da Alemanha, França ou Irlanda, com a eleição de uma delas (*Germany*, código DE) que é a Alemanha. Na sequência, foi configurado o parâmetro para não utilização de um nó que estivesse nos Estados Unidos, escolhendo aleatoriamente um localizado na França. Por fim, ajustou-se a rede para procurar nós de saída no Brasil (BR) ou na Argentina (AR), mas não obrigatoriamente, uma vez que a linha *Strict Nodes* estava *setada* como 0 (zero).

Os códigos utilizados nessas configurações seguem o padrão ISO 3166-1[37] e são chamados de TLDs – Lista de Domínios da Internet de Nível Superior. Uma lista com os códigos dos países pode ser acessada através do *site* World Standards[38].

Assim como, por questões de privacidade ou alguma forma de censura, deseja-se evitar que um ou outro nó deixe de assumir o IP de determinado país na construção do circuito Tor quando se utiliza esse *browser* para acessar alguns serviços da superfície, o usuário pode se deparar com um alerta de que seu IP não é reconhecido como um endereço válido do país ou ainda com a solicitação de confirmação de algumas informações de checagem de identidade.

---

[37] É parte da norma ISO-3166, que sugere códigos para os nomes dos países e suas dependências.
[38] WORLD STANDARDS. **Internet country domains list**. Disponível em: <https://www.worldstandards.eu/other/tlds/>. Acesso em: 28 maio 2019.

Isso acontece, por exemplo, ao tentar acessar o Facebook ou o próprio Google. No primeiro, antes da tela de *login*, ele pedirá que o usuário confirme algumas informações, como descrito na figura a seguir:

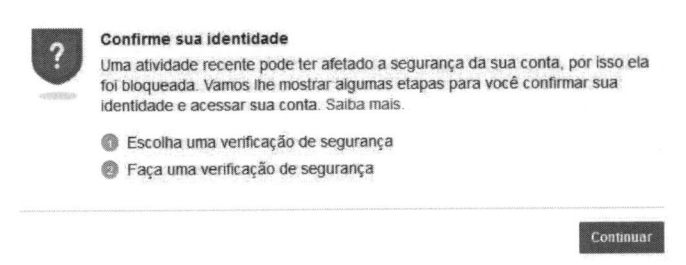

Figura 19 – Confirmação de identidade do Facebook

Já o Google apresentará a página inicial na língua do país do nó de saída utilizado pela rede Tor. Por exemplo, se o guarda de saída utilizado for do Japão, a página inicial do Google ficará toda em japonês.

Quando se utiliza a técnica de manipulação de relés, é possível contornar esse problema e os bloqueios que alguns *sites* realizam quando identificam uma conexão de IP entrante de um país diferente do seu padrão. Assim, ao determinar à rede Tor que utilize um IP do Brasil, a página principal do Google se manterá em português do Brasil e o Facebook não irá solicitar confirmação de identidade.

3. Da rede Freenet

A Freenet é uma rede de arquitetura ponto a ponto (P2P) projetada especificamente para atuar na *deep web* e que tem como objetivo principal prover anonimato e segurança a seus usuários, permitindo uma comunicação sem censura. Diferentemente da rede Tor, a Freenet não possui um navegador próprio. Para utilizá-la, o internauta deve instalar o software Freenet, programa que funciona casado com um *browser* da preferência do usuário (Chrome, Firefox, etc.).

Quando da instalação, deve-se indicar uma porção do *hard disk* (disco rígido) que servirá aos demais componentes dessa rede no armazenamento de conteúdos. A totalidade das informações e dos dados contidos na rede Freenet instalada pode ser, assim, totalmente criptografada. Além disso, essa rede possui um cliente P2P chamado **Frost**, o qual possibilita aos usuários o compartilhamento de arquivos, assim como na BitTorrent, porém de forma totalmente anônima. Seus principais diretórios de *links* são: EnzoHidex e Nerdageddon.

Os conceitos da Freenet se apoiam na ideia de que, em alguns países, devido ao crivo do governo, muitas pessoas são cerceadas de expressarem livremente os seus pensamentos, seja por questões culturais, religiosas ou até mesmo políticas, sofrendo uma censura prévia ou uma perseguição posterior, em razão do conteúdo que publicam ou acessam na "internet comum".

Ao tratar sobre censura e liberdade na rede Freenet, os idealizadores enfrentam essa temática, asseverando que:

> todo mundo valoriza sua liberdade. Na verdade, muitos a consideram tão importante que vão morrer por isso. As pessoas gostam de pensar que são livres para formar e manter quaisquer opiniões de que gostem, particularmente nos países ocidentais. Considere agora que alguém tem a capacidade de controlar as informações a que se tem acesso. Isso lhe daria a possibilidade de manipular

as opiniões, escondendo alguns fatos, apresentando mentiras e censurando qualquer coisa que contradissesse as inverdades propagadas. Isso não é ficção orwelliana: é uma prática padrão para a maioria dos governos ocidentais, mentir para as suas populações. Tanto que as pessoas agora tomam falácias por verdades, apesar do fato de que isso mine os princípios democráticos que justificam a existência do governo de qualquer país, em primeiro lugar[39].

O usuário que deseja publicar ou acessar o conteúdo disponível nessa rede precisa fazer o *download* e instalar o software Freenet, que lhe proporcionará uma navegação anônima em diversos níveis de segurança, por meio de canais criptografados e configurações avançadas que garantem os três pilares básicos das redes na *deep web*: descentralização, anonimato e segurança.

As conexões são construídas através de nós, ou seja, computadores comuns executando o software Freenet, os quais necessariamente tornam-se parte integrante da rede. A requisição de um *site*, aqui chamado de *freesite*, ou de um arquivo, percorre, sempre através de túneis criptografados, vários nós até chegar ao seu destino.

Necessária se faz uma breve comparação entre a rede Freenet e a Tor, que, por padrão, percorre um circuito composto por três nós para uma requisição ou resposta de conteúdo, como visto anteriormente, além de ser *outproxy*, já que permite, por seu meio, o acesso da *surface*. Já na Freenet, o conteúdo percorre um circuito com N nós, em teoria, o que impacta diretamente na velocidade de resposta da rede, em princípio. Além do mais, a Freenet é *inproxy*, pois não permite nenhum acesso externo; ou seja, para acessá-la, há que se fazer parte dela, necessariamente.

A rede Freenet apresenta uma gama enorme de opções de configuração. Uma delas permite ao usuário definir por quantos saltos a requisição permanecerá "viva" na rede. Esse termo é conhecido tecnicamente como *TTL – Time To Life* ou "tempo de vida". A requisição recebe um número inteiro, que é decrementado a cada novo nó percorrido pelo pacote de dados, o que garante a ela não ficar "eternamente" vagando de nó em nó na rede, o que causaria sobrecarga e lentidão.

Passaremos agora a analisar os detalhes técnicos sobre a rede Freenet, desmistificando alguns pontos, demonstrando suas funcionalidades e apresentando alguns *freesites* disponíveis.

---

[39] Texto traduzido, com adaptações, da documentação oficial da rede Freenet na seção "About – What is Freenet – Censorship and Freedom".

3.1. Filosofia da Freenet

O projeto Freenet foi criado pelo irlandês Ian Clarke[40] no início dos anos 2000 com o objetivo de permitir ao usuário navegar, compartilhar arquivos e publicar *freesites* de forma totalmente anônima, através de canais criptografados, proporcionando segurança dos dados.

> A única maneira de garantir que uma democracia permaneça eficaz é garantindo que o governo não possa controlar a capacidade de sua população de compartilhar informações e de se comunicar. Enquanto tudo que vemos e ouvimos é filtrado, não somos verdadeiramente livres. O objetivo da Freenet é permitir que duas ou mais pessoas que desejam compartilhar informações façam isso[41].

O software Freenet foi desenvolvido na linguagem de programação Java[42]. Ele já foi baixado mais de duas milhões de vezes em todo o mundo. O *download* do instalador Freenet, assim como o uso da rede, é totalmente gratuito, sendo essa uma das características que tem atraído cada vez mais adeptos.

Uma das configurações de segurança da Freenet permite criar "redes fechadas", formadas apenas por usuários conhecidos e de confiança, o que reduz consideravelmente a vulnerabilidade de acesso a determinado tipo de conteúdo. Essa funcionalidade foi nominada como *darknet* ou "rede obscura", também conhecida pelo termo *friend to friend* (F2F) ou ainda "rede de amigos".

As configurações avançadas da Freenet garantem aos seus usuários, independentemente da localização deles, um "mundo livre". Nesse contexto, Mike Godwin asseverou:

---

[40] Ian Clarke é cientista da computação, nascido em 16 de fevereiro de 1977 na Irlanda. É o desenvolvedor original da Freenet. No ano 2000, a publicação "Freenet: A Distributed Anonymous Information Storage and Retrieval System" ("Freenet: Um Sistema de Armazenamento e Recuperação de Informações Anônimas Distribuídas") foi o artigo de ciência da computação mais citado. Ian Clarke também foi selecionado como um dos cem maiores inovadores do ano de 2003 pela revista *Technology Review* do MIT. Através dos seus conceitos e publicações, o termo *darknet* passou do campo da teoria para a prática.

[41] Documentação oficial da rede Freenet na seção "About – What is Freenet – The Solution".

[42] Java é uma linguagem de programação orientada a objetos, desenvolvida na década de 1990 por uma equipe de programadores chefiada por James Gosling, na empresa Sun Microsystems. É diferente das demais linguagens de programação, pois seu código não necessita ser compilado.

> Eu me preocupo com minha filha e com a internet o tempo todo, apesar de ela ser muito nova para se conectar ainda. Aqui está o que me preocupa. Eu me preocupo que daqui a 10 ou 15 anos, ela venha até mim e diga: "papai, onde você estava quando a liberdade da imprensa foi arrancada da internet?"[43].

Na página do projeto, é possível encontrar a motivação ou a filosofia por trás dos conceitos da Freenet. Os colaboradores defendem a liberdade de expressão, principalmente nas culturas ocidentais, como um dos direitos mais importantes a serem tutelados e respeitados. Assim, enumeram vários fatores que sustentam essa ideia[44]:

- ✓ **A comunicação é o que nos faz humanos:** uma das diferenças mais óbvias entre os seres humanos e o restante dos animais é a capacidade humana de se comunicar através de conceitos sofisticados e abstratos.
- ✓ **Conhecimento faz bem:** sede por informação; guerras foram ganhas ou perdidas por quem era detentor de mais ou menos informações. Estar bem informado permite tomar melhores decisões, proporcionando maior capacidade de sobreviver e ter sucesso.
- ✓ **Democracia pressupõe uma população bem informada:** muitas pessoas vivem sob governos democráticos; em contrapartida, aqueles que não muito provavelmente desejam essa condição. A democracia permite a escolha de líderes e impede o abuso de poder. Uma população só consegue escolher seus líderes se estiver bem informada, sem qualquer censura prévia ou represália no seu modo de expressar opiniões.

Alicerçada na valorização da liberdade de expressão, na garantia de não interferência governamental e na proteção contra o uso massivo de dados por parte das grandes corporações, a Freenet garante aos seus usuários o compartilhamento de conteúdo de forma segura.

Para os idealizadores do projeto, não existe meio termo para a censura, muito embora existam questões muito delicadas dentro desse contexto. Por exemplo: seria aceitável expressar opinião de cunho racista? Seria o caso de censurar a liberdade de expressão de uma pessoa que publica algo considerado ofensivo contra outra? A resposta genérica que se dá a questões desse tipo é a de que não existe censura

---

[43] Michael Wayne Godwin, advogado e escritor americano, Conselheiro Geral da Wikimedia Foundation. A citação de Michael Godwin consta na página principal da Projeto Freenet na seção "Why We Do This – Por que fazemos isso".
[44] Documentação oficial da rede Freenet na seção "About – The Philosophy Behind Freenet".

"boa". A solução para problemas como esses seria o poder de responsabilização que os governos teriam em relação a pessoas que publicam esse tipo de material.

Existem ainda mais dois pontos sensíveis na questão das redes que operam na *deep web*, em especial na Freenet: o anonimato incondicional e o respeito aos direitos autorais. Em relação ao primeiro, justifica-se que não há como publicar algo que vá de encontro a um governo sem retaliação, o que leva a outro questionamento: como tomar por verossímil algo que foi escrito anonimamente?

Acerca dos direitos autorais, para os criadores da Freenet, a propriedade imaterial é menos relevante que a liberdade de expressão. Ademais, segundo eles, os artistas poderiam angariar lucros ou recursos de outras formas, já que auferem vários benefícios com o incremento da tecnologia, o que seria uma forma de compensação por essa potencial perda.

As ideias são conflitantes: de um lado, a defesa da liberdade de expressão apoiada pelo anonimato proporcionado pela rede; de outro, o conflito com normas e legislações que implicam caracterização de algum crime, principalmente pela dificuldade responsabilizar aquele que ultrapassar os limites impostos pela filosofia Freenet.

3.2. Arquitetura

A Freenet é uma rede ponto a ponto com conexões fechadas através de nós, sem a presença de servidores centralizados. Quanto mais nós existirem, melhor será a sua funcionalidade. Nesta seção serão discutidos temas relacionados ao seu funcionamento, a como as conexões são realizadas, aos modos de rede e ainda aos problemas decorrentes da arquitetura.

3.2.1. Funcionamento e mapa da rede

Cada usuário ou nó é identificado por uma variável chamada *location* (localização) assim que se integra à rede. A arquitetura foi pensada de forma que os nós se localizem em um circuito circular, com cada um recebendo um número decimal entre 0 e 1, o qual o identifica unicamente na rede. Como o mapa da Freenet é em forma circular, logicamente o identificador 0 e 1 é equivalente, sendo a maior distância entre dois nós sempre 0.5, conforme demonstra a figura a seguir:

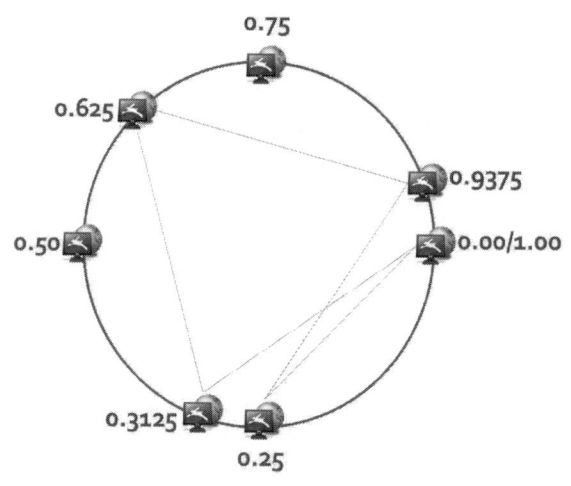

Figura 20 – Modelo simplificado do mapa de rede com sete nós

As distâncias entre um nó e outro impactam diretamente na estabilidade da rede, ou seja, no tempo de resposta durante uma requisição. Por isso a Freenet agrupa os nós que possuem conteúdos em comum mais próximos um do outro, para facilitar a recuperação de dados, o que evita saltos desnecessários e longos, para além do exaurimento do "tempo de vida" da requisição.

Mais adiante, serão abordadas profundamente as características de anonimato e de segurança ligadas intimamente com a arquitetura da rede Freenet. Previamente, porém, faz-se necessário conceituar superficialmente estes dois modos básicos de funcionamento, para melhor entendimento da arquitetura:

a) **Opennet ou rede aberta:** é a essência das redes P2P comuns (eDonkey, Bit-Torrent, Gnutella, etc.) e está disponível para acesso livre e sem restrições de utilização. É utilizada pela Freenet, por padrão, quando o usuário se junta à rede inicialmente, alocando-se um identificador de localização, entre 0 e 1, de forma aleatória, dentro do mapa circular da rede. Esse novo nó estará conectado a vizinhos desconhecidos, que podem monitorar o tráfego do novo usuário, muito embora isso seja difícil, devido à criptografia[45].

---

[45] No texto publicado na página de desenvolvedores do projeto intitulado "Police Department's Tracking Efforts Based On False Statistics" foi ressaltada a vulnerabilidade desse modo quanto à possibilidade de rastreamento, já que a conexão de nós estranhos possibilita ataques *Sybil* (nós de usuários trocados por maliciosos). Para evitar esse tipo de ataque, os desenvolvedores recomendam a utilização do modo *friend to friend*. Disponível em: <https://freenetproject.org/police-departments-tracking-efforts-based-on-false-statistics.html>. Acesso em: 28 maio 2019.

b) **_Darknet_ ou rede obscura:** esta rede também é chamada de F2F ou _Friend to Friend_ e caracteriza-se por exigir uma credencial de acesso. Nela, grupos de usuários se conectam, trocando suas respectivas chaves de segurança e formando uma verdadeira rede secreta, invisível para os demais usuários da Freenet. Nesse caso, os amigos devem manter uma relação de confiança, para não ocorrer a quebra do sistema de segurança.

3.2.2. Problemas decorrentes da arquitetura

A teoria dos seis graus de separação proposta pelo psicólogo Stanley Milgram, em 1967, já apresentada anteriormente, afirma que, no mundo, são necessários no máximo seis laços de amizade para a conexão de duas pessoas.

Essa teoria vem sendo amplamente utilizada nas redes sociais. Em redes de computadores o conceito também é amplamente utilizado. O sistema de interconexões dos nós Freenet é bastante semelhante e serve para demonstrar que a ausência de um número mínimo de nós pode afetar o funcionamento da rede de duas formas:

- ✓ **Beco sem saída:** decorre da ausência de, no mínimo, três nós de saída para uma solicitação. Quando uma requisição chega a um nó sem resposta ou sem vizinhos para retransmitir o pedido, responderá de forma negativa, originando um beco sem saída, conforme se vê na Figura 21:

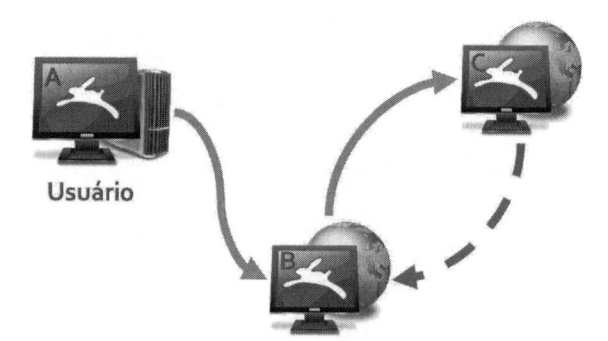

Figura 21 – O problema do beco sem saída

- ✓ **_Loop:_** apesar da similaridade com o anterior, envolve nós retransmissores que só conseguem se comunicar fazendo a requisição andar em círculos e sem encontrar o seu destino. O sistema deve ser capaz de reconhecer quando isso ocorre, para evitar sobrecarga na rede.

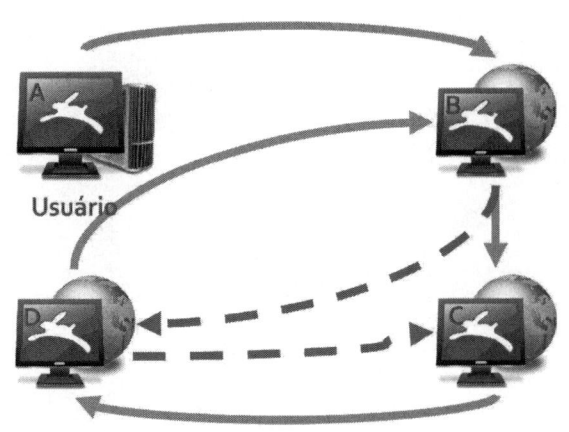

Figura 22 – O problema do *loop*

Em ambos os casos, as setas não tracejadas indicam o caminho ideal de encaminhamento dos pacotes de dados. No entanto, em algum momento, os pacotes são devolvidos (setas tracejadas) por falta de caminhos alternativos de saída. Esses problemas são tratados pela Freenet utilizando o conceito de TTL[46] ou aumentando o número de usuários na rede de modo que sempre existam nós suficientes para encaminhamento dos pacotes de dados.

3.3. Comunicação entre os nós

O funcionamento normal esperado para uma rede é: quando uma requisição alcança seu destino, gera uma resposta que é devolvida de forma íntegra ao solicitante. O diagrama a seguir demonstra esse funcionamento, no qual o nó (A) realiza uma requisição ao nó (F). Ainda que persista o problema do "beco-sem-saída" e do *loop* (setas tracejadas: 3, 7 e 8), a requisição encontrará o nó (F) (setas normais claras: 1, 4 e 9), pois este fazia parte da conexão com nó (D). Assim, o nó (F) responde (setas escuras: 10, 11 e 12) à requisição para o usuário (A) solicitante.

---

[46] TTL – *Time-to-life* – é uma variável inteira atribuída a um pacote que será transmitido na rede. A cada novo salto, a variável é decrementada. Assim, quando ela chegar a 0 (zero), o pacote será eliminado. Essa técnica é utilizada para evitar que os dados trafeguem infinitamente pela rede, o que causaria congestionamento.

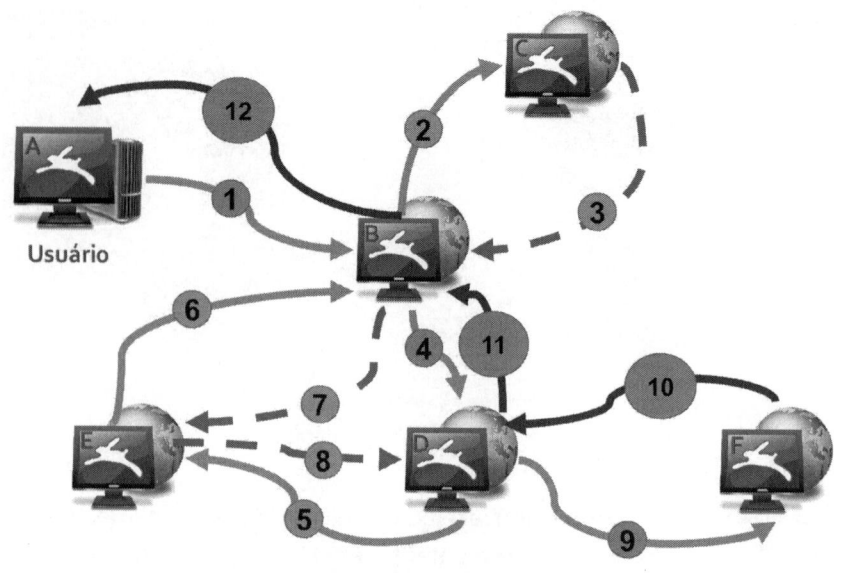

Figura 23 – Requisição atendida (setas escuras)

Um dos fundamentos utilizados na criação da arquitetura Freenet é baseado no modelo *Small-World*[47], do pesquisador Jon Kleinberg[48], que, por sua vez, foi derivado da "Teoria dos Seis Graus de Separação".

Na Freenet um nó só tem capacidade de adquirir informações de seus vizinhos imediatos, o que impede que a conexão de um usuário de modo aleatório e desorganizado na rede faça requisições comprometedoras da estabilidade e da segurança.

À medida que um nó é inserido no circuito circular, ele só terá a necessidade de conhecer o que seus vizinhos estão partilhando, garantindo ali a escalabilidade, ou seja, o crescimento ordenado da rede, bem como a privacidade exigida pela arquitetura.

3.3.1. Tabela de *hash* distribuídas – DHT

Inicialmente, cabe-nos uma explanação sobre o valor *hash*. Trata-se da sequência de letras e números criada por algoritmos matemáticos para verificação de integridade de um determinado arquivo. De maneira bem simplificada, é a assinatura ou DNA

---

[47] A teoria *Small-Word* é representada por um grafo matemático no qual as conexões são estabelecidas entre os pontos mais próximos, representando um "mundo pequeno".

[48] Jon Michael Kleinberg, nascido em Boston, nos Estados Unidos, em outubro de 1971, é professor de Ciência da Computação.

digital de um arquivo qualquer. Esse valor é único para cópias idênticas do mesmo arquivo ou de uma *string* (cadeia de caracteres).

Um dos algoritmos mais conhecidos e utilizados é o SHA[49] e suas variantes. É uma fórmula matemática que, quando aplicada *bit* a *bit* (conjunto de zeros e uns do arquivo), gera uma sequência alfanumérica única, a partir da informação de entrada (mídia, arquivos, etc.). E essa sequência só será modificada caso o arquivo venha a sofrer uma alteração em seu conteúdo.

O conceito de valor *hash* é aplicado em inúmeros segmentos. O combate ao terrorismo, por exemplo, é realizado através de aplicações de internet (Microsoft, Facebook, Google, Twitter, etc.), as quais criam banco de dados de valores *hash* de imagens e vídeos de conteúdo extremista. Após a identificação e a remoção do conteúdo ilícito da plataforma, as demais empresas são notificadas pelo *hash* gerado, garantindo, sobremaneira, a não utilização desses serviços para recrutamento, difusão de propaganda ou recebimento de fundos financiadores de atividades extremistas[50].

Outro exemplo bem prático é aquele em que o programador de um banco de dados substitui a gravação literal de uma senha pela sua forma codificada[51]. Assim, se o arquivo com o banco de dados for "furtado", não se saberá a senha original gravada, pois essa estará na sua forma cifrada[52]. A título de exemplo, observe a imagem a seguir:

SHA1 and other hash functions online generator

Freenet | hash

sha-1

Result for sha1: 73cd1aa734496404bfc8269674f7eeebc7d74023

Figura 24 – Exemplo de utilização da codificação *hash*

---

[49] MD5 é outro exemplo de algoritmo *hash* com muita utilização em softwares *peer to peer*. WHIRLPOOL, outro algoritmo, é adotado pelo ISO como padrão internacional.

[50] SOLON, Olivia. Facebook, Twitter, Google and Microsoft team up to tackle extremist content. **The Guardian**, 6 Dec. 2016. Disponível em: <https://www.theguardian.com/technology/2016/dec/05/facebook-twitter-google-microsoft-terrorist-extremist-content>. Acesso em: 27 maio 2019.

[51] A identificação de valores *hash* de arquivos de abuso e exploração sexual infantojuvenil praticados na internet vem agregando valor nas investigações policiais, notadamente na individualização dos predadores sexuais. Um desses exemplos de sucesso é o Photo DNA. Desenvolvido pela Microsoft, calcula os valores de imagens ilícitas e, posteriormente, faz busca na rede por imagens semelhantes. É utilizado em serviços da Microsoft, Google, Facebook, Twitter e Adobe, entre outros.

[52] Nesse caso, apenas o resumo da senha do usuário é armazenado. A função *hash* é calculada a partir da inserção da senha pelo usuário com a comparação no servidor. Caso haja igualdade de resumos, o usuário será autenticado.

No *site* SHA1 Online[53], é possível utilizar a aplicação para converter *strings* (caracteres) em valor *hash*. Utilizando o algoritmo SHA1, o sistema transmudou o nome "Freenet" em uma sequência alfanumérica de quarenta posições. Além de dificultar a memorização, os algoritmos de geração de valor *hash* não permitem que a sequência seja decodificada: ou seja, é uma via de mão única.

Partindo desse pressuposto, foi introduzido o conceito da tabela de *hash* distribuído ou DHT. É o algoritmo matemático utilizado em redes de compartilhamento de arquivos em que os nós armazenam o valor *hash* dos arquivos, e não o seu conteúdo. Nesse caso, os arquivos são buscados e transmitidos através do valor *hash*, o que possibilita o tráfego de maneira muito mais célere.

A Freenet adotou o conceito DHT juntamente com o identificador especial "location" para representar o nó de forma única na rede.

A DHT passou a ser amplamente utilizada nas redes P2P eDonkey, com a implementação do algoritmo Kademlia[54], e, mais recentemente, na BitTorrent. Esses serviços são amplamente empregados para o compartilhamento de arquivos, jogos, programas de computadores e vídeos e, notadamente, imagens e filmes de abuso e exploração sexual infantojuvenil.

3.3.2. Armazenamento de dados

A Freenet foi projetada de forma a não permitir a exclusão de um conteúdo após sua publicação, notadamente por ser replicado em vários nós no momento de sua edição. De modo igual, se o nó publicador ficar *offline*, seu conteúdo ainda permanecerá à disposição de toda a rede, diferentemente do que acontece com o conteúdo na rede Tor.

Existem dois conceitos ligados ao armazenamento de dados na Freenet:

- ✓ **Short-Term Stored Cache:** é a memória de armazenamento de curto prazo. Indicada para a rede cujos conteúdos possuem privilégio de prevalência e disponibilidade. Quanto mais o conteúdo é acessado pelos usuários, maior

---

[53] Disponível em: <http://www.sha1-online.com>. Acesso em: 28 maio 2019.
[54] Implementou nas redes P2P o conceito de DHT no longínquo ano de 2002 para aumentar a eficiência na rede eDonkey.

esse privilégio; já os conteúdos pouco acessados tenderão a ser excluídos automaticamente pela rede[55].

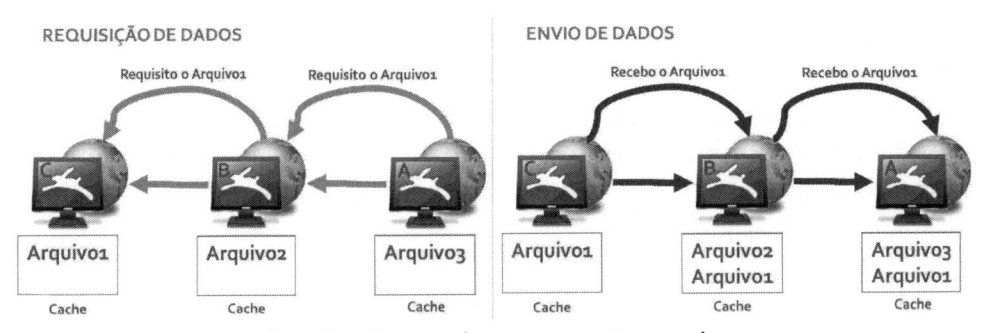

Figura 25 – Esquema de armazenamento em *cache*

No diagrama anterior, é apresentada uma situação de exemplo. O nó (A) solicita o "Arquivo1" para a rede, o qual pertence ao nó (C). No entanto, eles não são vizinhos. O nó (B), todavia, é adjacente. Quando (B) receber a requisição de (A), ele contatará (C), que fornecerá o "Arquivo1" solicitado. O nó (B), que serviu apenas de "ponte" entre (A) e (C), guardará uma cópia desse arquivo em sua *storage cache*. Assim, se (A) e (C) ficarem *offline*, o "Arquivo1" estará disponível para outros usuários requisitantes da rede. Esse é o princípio da replicação de conteúdo para impedir que uma publicação simplesmente seja excluída.

Um dos perigos observados nessa forma de armazenamento acontece quando o usuário (B) armazena o "Arquivo1" solicitado por (A) à revelia, representando, portanto, um grave problema de armazenamento de conteúdo alheio. Imagine, por exemplo, se esse arquivo contém cenas de abuso e exploração sexual infantil. Ademais, não é possível desabilitar esse tipo de funcionalidade. Isso também justifica o agrupamento de usuários que buscam ou armazenam o mesmo tipo de conteúdo na rede Freenet.

✓ **Belonging Storage Cache:** procura agrupar usuários com o mesmo tipo de conteúdo para que o número de "saltos" seja o menor possível durante uma operação de busca, implicando diretamente mais rapidez no tempo de resposta da rede e na sua eficiência[56].

---

[55] UNIVERSIDADE FEDERAL DO RIO DE JANEIRO – ESCOLA POLITÉCNICA. **Anonimato – Freenet.** Arquitetura. Funcionamento. Disponível em: <https://www.gta.ufrj.br/grad/12_1/freenet/arquitetura.html>. Acesso em: 28 maio 2019.

[56] Idem.

3.3.3. Chaves criptográficas

A Freenet utiliza três tipos de chaves criptográficas para garantir que um dado esteja íntegro na sua entrega, fato este assegurado através da comparação dos valores *hash*.

a) **CHK** *(Content Hash Keys)*: são as chaves de conteúdo representado por "**CHK@hash_arquivo,chave_decrip,config_cripto**" e dados fixos de até 32 KB.
b) **SSK** *(Signed Subspace Keys)*: representa os *freesites*, as páginas e/ou os *sites* da Freenet. É utilizada para conteúdos dinâmicos, com a necessidade de atualização constante do conteúdo. Seu formato é expresso por: **SSK@hash_chave_publica,chave_decrip,config_cripto**.
c) **KSK** *(Keyword Signed Keys)*: são chaves pouco seguras e suscetíveis a ataques de dicionário de dados[57]. O formato é bastante simples: "**KSK@arquivo1.doc**". Não há garantia de entrega correta de conteúdo, pois na rede pode haver vários e vários arquivos com o mesmo nome.

3.4. Freenet na prática

Nesta seção serão abordados os principais passos de *download* e instalação do software Freenet, além de sua configuração inicial. A princípio, é necessário acessar a página[58] do projeto e localizar no menu o acesso ao *download* do arquivo de instalação. Há instaladores para MS-Windows, para Mac OS X e para GNU/Linux & POSI. Para os exemplos a seguir, utilizar-se-á o instalador da plataforma Windows em sua configuração padrão.

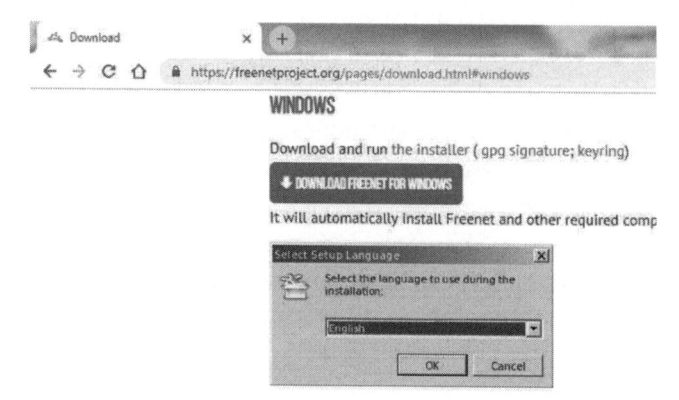

Figura 26 – *Download* do instalador Freenet para Windows

---

[57] Ataque de força bruta caracterizada pela checagem de uma sequência de caracteres de uma lista predefinida (dicionário) com o intuito de burlar um mecanismo de autenticação através de milhões de tentativas.
[58] FREENET PROJECT. Site. Disponível em: <https://freenetproject.org/>. Acesso em: 28 maio 2019.

Após o *download*, o processo de instalação é extremamente simples, semelhante à maioria dos programas instaláveis do Windows. O software Freenet está disponível em mais de 20 idiomas diferentes, inclusive em português brasileiro. Após finalizar, a tela inicial da Freenet é aberta no navegador padrão do usuário em modo anônimo, conforme segue:

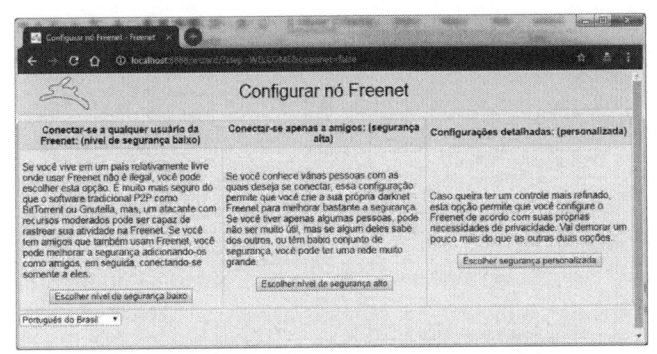

Figura 27 – Tela inicial da Freenet após a instalação

Na sequência, o usuário deve escolher um nível de segurança para prosseguir, havendo inclusive a possibilidade de troca de idioma:

- ✓ **Nível de segurança baixo:** o internauta pode se conectar a qualquer outro usuário da Freenet. O sistema apresenta um aviso sobre o perfil do usuário que acessa a rede com este nível.
- ✓ **Nível de segurança alto:** a conexão ocorre apenas com nós "amigos", F2F, por meio da troca de chaves identificadoras. Esse modo é chamado de *darknet*, sendo esta a configuração ideal para a Freenet.
- ✓ **Segurança personalizada:** além de configurar os nós "amigos" da *darknet*, é possível escolher o bloqueio dos *downloads* com senha, além de criptografar a porção do HD compartilhado com a rede.

Inicialmente, o usuário deverá escolher a opção de nível baixo de segurança, caso contrário não conseguirá navegar pela Freenet. Não obstante, quando possuir os dez "amigos" necessários para se conectar no modo nível de segurança alta (*darknet*), poderá fazê-lo diretamente.

Na sequência, o sistema detecta, obrigatoriamente, quando o usuário está utilizando um navegador (*browser*) em modo incógnito ou anônimo. O passo seguinte apresentará uma tela para definição do tamanho da "partição" a ser alocada para a comunidade Freenet, a qual servirá para o armazenamento dos arquivos e *freesites*, mantenedores da rede. Nesse espaço, os arquivos são "depositados" à revelia do usuário, sem que ele tenha acesso ao teor do material.

A Freenet também solicita que se informe a velocidade instalada de conexão com a internet e se há limitações quanto à franquia de dados, conforme a imagem a seguir:

Figura 28 – Informar a largura de banda de internet

Após esses passos, as configurações básicas já possibilitarão o funcionamento da rede. Todavia, recomenda-se habilitar configurações adicionais para garantir principalmente a segurança das informações trafegadas e, subsidiariamente, o anonimato durante a navegação.

3.5. Interface e configuração

Nesta seção serão apresentadas as principais funções e menus de configuração da rede Freenet, que, diferentemente da rede Tor, não possui um navegador (*browser*) nativo e, portanto, rodará sob um dos já utilizados pelo usuário, porém em modo incógnito ou anônimo.

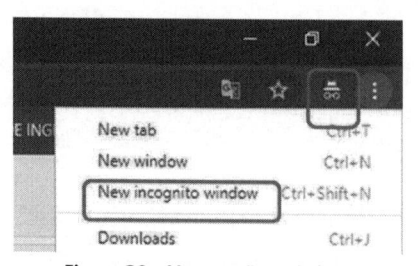

Figura 29 – Navegação anônima

A Freenet funciona localmente na máquina do usuário no endereço conhecido por *localhost*, tendo como porta padrão a 8888.

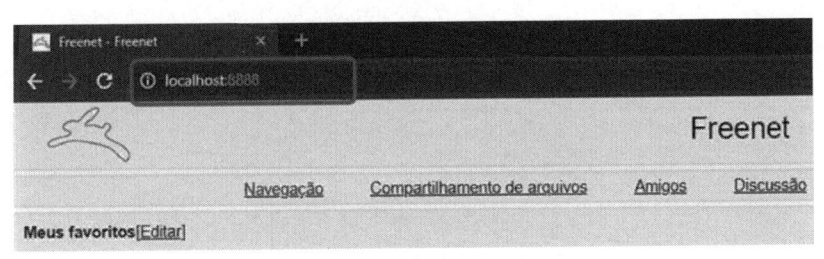

Figura 30 – Endereço local da Freenet

A interface da Freenet é bastante simples e textual, semelhante aos sites do final da década de 1990. Apresenta um menu com sete opções para início da navegação ou para realização de configurações simples ou complexas.

Na sequência serão exploradas as principais funções de cada um dos menus da página inicial da Freenet.

3.5.1. Navegação

O menu "Navegação" da página inicial da Freenet apresenta três opções de acesso:

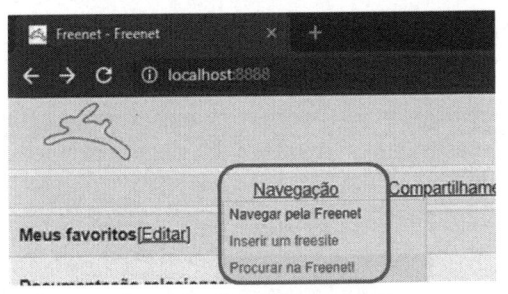

Figura 31 – Menu "Navegação"

✓ **Navegar pela Freenet:** apresenta uma página com *links* para a documentação da rede, configuração de e-mail e outras ferramentas, bem como informações de como publicar *freesites*. Apresenta, ainda, a lista de diretórios de *links* que funcionam como indexadores dos principais *freesites* da rede:

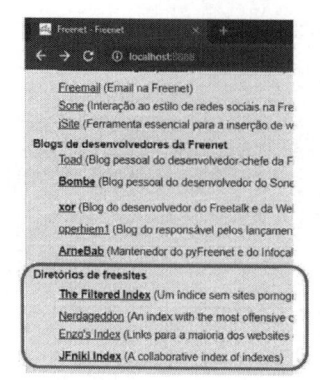

Figura 32 – Diretório de *freesites* – índice de *links* para páginas da Freenet

✓ **Inserir um *freesite*:** essa opção permite ao usuário publicar conteúdo anônimo na Freenet, não permitindo, todavia, sua posterior exclusão enquanto houver requisições a ele vinculadas. Caso permaneça muito tempo sem ser acessado, o conteúdo é excluído aleatoriamente (vide o conceito de *short-term stored cache*). O *freesite* é replicado por toda a rede e estará disponível mesmo que o computador do responsável pela publicação esteja desligado.

✓ **Procurar na Freenet:** possibilita a procura por palavras-chave, funcionando de forma semelhante às ferramentas de busca existentes na *surface web*. Não obstante, é muito lento e retorna pouquíssimos resultados em razão da não indexação do conteúdo. Se tomarmos como exemplo a busca pelo termo "porn", os resultados apresentados demoraram aproximadamente dois minutos, com 930 respostas. Essa mesma pesquisa foi realizada na superfície, através do buscador Google, e demorou apenas 0,28 segundo, com quase dois bilhões de resultados.

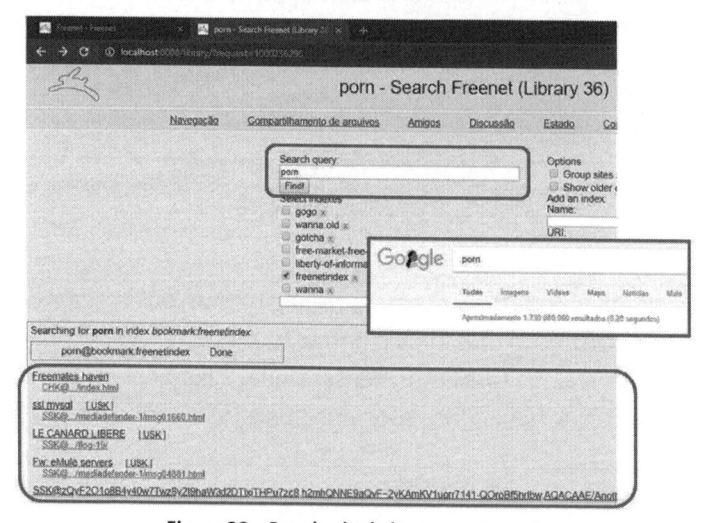

Figura 33 – Resultado da busca na Freenet

A página de pesquisa da Freenet aponta serem de inteira responsabilidade do usuário as buscas por ele realizadas.

Os *freesites* podem ser localizados ainda através do "Diretório de *links*". Um dos mais conhecidos é o Enzo's Index, que conta com várias opções de filtros, inclusive por país, conteúdo, material mais acessado, páginas recém-ingressadas na rede, dentre outros.

Alguns erros de requisição podem ocorrer durante a navegação, especialmente em decorrência de não se encontrarem as partes necessárias para carregar o arquivo de apresentação da página por completo, casos em que se apresentam avisos apontando o problema.

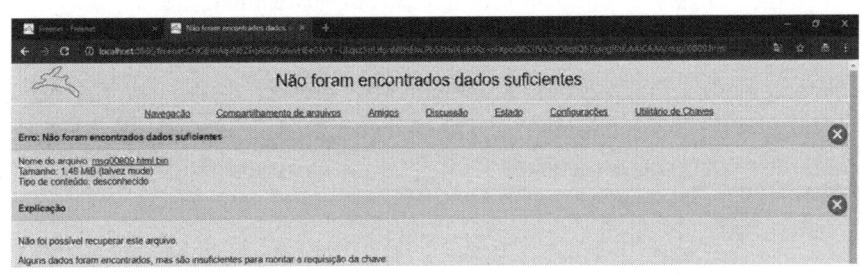

Figura 34 – A Freenet não conseguiu carregar a página solicitada

As opções de navegação da Freenet são extremamente simples. O foco principal da arquitetura é proporcionar segurança e anonimato a seus usuários, o que é garantido pelo modo de configuração *darknet* descrito na sequência.

3.5.2. Configurando e entendendo o modo *darknet*

O modo *darknet* permite ao usuário garantir a sua segurança na rede Freenet, conectando-o apenas aos nós "amigos" criptografados, sendo necessário, pelo menos, cinco deles conectados à rede.

Para se conectar aos nós "amigos", é necessária a permuta entre os usuários dos *noderefs*, um pequeno arquivo com as informações necessárias e o reconhecimento do software Freenet como integrante daquela *darknet*. Em outras palavras, o *noderefs* é uma espécie de credencial reconhecida apenas pelo grupo de usuários daquela rede escura ou fechada.

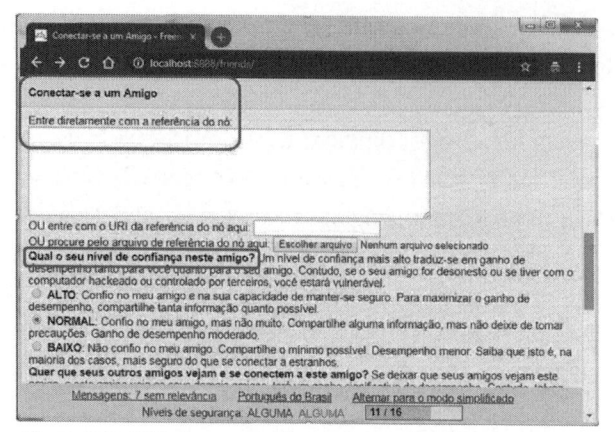

Figura 35 – Criando o modo *darknet* – inserindo um nó "amigo"

Após a inserção dos *noderefs* dos "amigos" com o mínimo de dez, sendo cinco deles sempre *on-line*, é possível aumentar o nível de segurança para alto, criando, assim, uma verdadeira *darknet*. A seguir, uma representação esquemática dos nós "amigos" na rede:

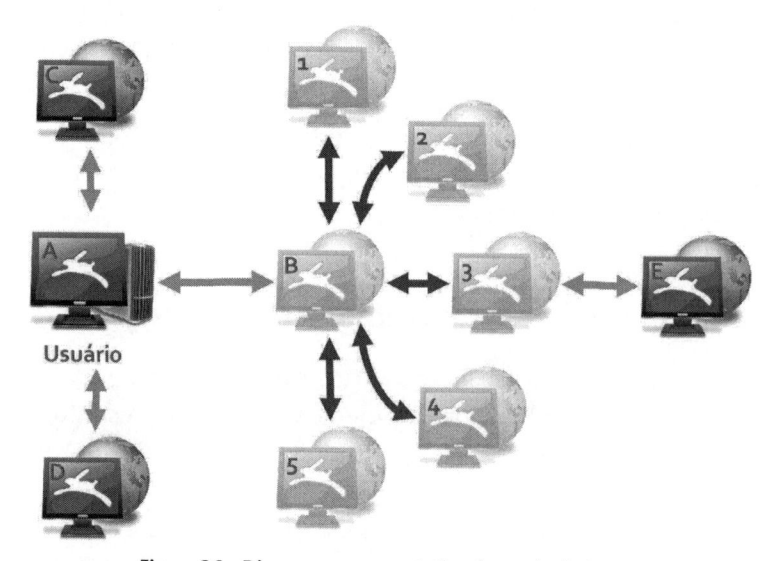

Figura 36 – Diagrama representativo do modo *darknet*

No diagrama da figura anterior, é possível observar a existência de nós Freenet mais escuros e outros "apagados". Os primeiros indicam os usuários operando na rede através do modo aberto *(opennet)*, enquanto os ícones "apagados" indicam os usuários em modo fechado *(darknet)*.

Observe, no exemplo, que o nó (B) faz parte de uma *darknet* formada por mais cinco conexões totalmente invisíveis para o resto da rede. Os nós (B) e (3), inclusive, conseguem "entrever" os da rede aberta (ícones mais escuros), mas não podem ser "enxergados". Ademais, o nó (A) não conseguirá se comunicar com o nó (E), pois entre eles só há conexões *darknet* e só seria possível essa comunicação se outro nó qualquer em modo aberto estivesse disponível na rede e fizesse essa interligação.

3.5.3. Segurança extra

Além das configurações de alta segurança, é possível implementar mais dois critérios. O primeiro deles é a inserção de um certificado SSL (*Secure Sockets Layer*[59]). O segundo é a configuração de uma senha para bloquear o sistema Freenet, não sendo, assim, permitido acessar os arquivos e *downloads* sem a inserção da senha previamente cadastrada.

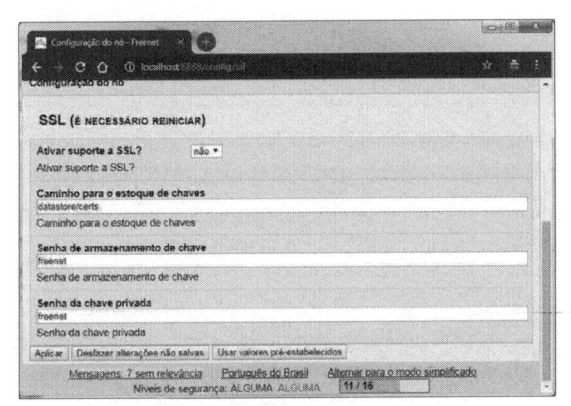

Figura 37 – Ativação da SSL e da senha

Esta seção apresentou as principais características da interface, da configuração e da navegabilidade da Freenet. A ênfase, no entanto, fica por conta da inserção do conceito de *darkweb*, caracterizado através das configurações na rede bem como do diagrama apresentado. Esse modo é a maneira de criar ciberespaços formados por integrantes da rede, a fim de que o compartilhamento de informações seja feito de forma segura e privada. Não será possível, portanto, nem mesmo para outros membros ou nós da própria Freenet tomar conhecimento do tipo de conteúdo trafegado.

---

[59] É um protocolo de segurança que protege as transmissões de dados via internet.

3.6. Construção da teia de nós Freenet

Será demonstrado, na prática, como a rede Freenet conecta seus nós e monta as rotas de acesso para permitir o compartilhamento, entre os usuários, de *freesites* e arquivos. A conexão de teste foi realizada com nós estranhos, em modo de rede *opennet*.

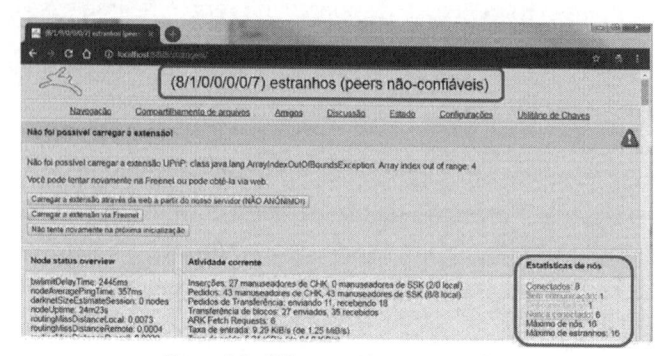

Figura 38 – Nós estranhos conectados

Na imagem anterior é possível observar as estatísticas de conexão da *opennet* recém--ingressada, configurada, por padrão, para permitir a conexão máxima de 16 nós estranhos. No exemplo foram preenchidos todos, porém apenas oito deles estavam *on-line*, ou seja, metade do necessário. Isso não significa, todavia, o não funcionamento da rede, mas, sim, a navegação a contento.

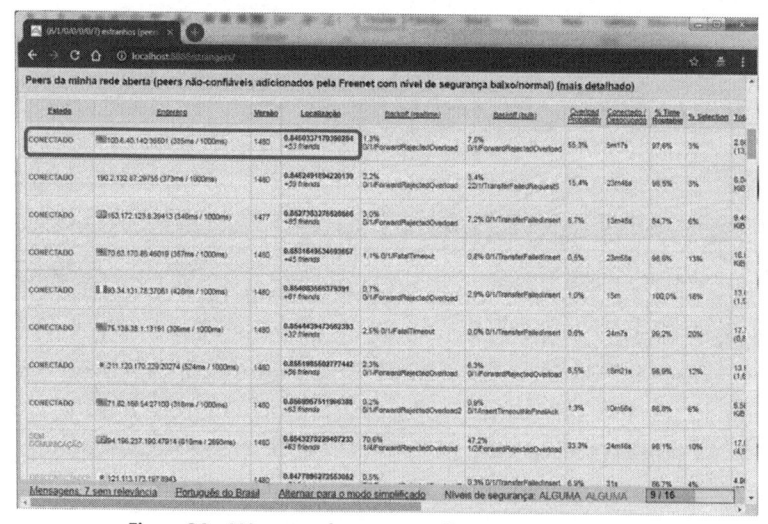

Figura 39 – Nós estranhos conectados e mostrando os IPs

Observe que é possível verificar os endereços de IP e a bandeira dos respectivos países dos nós aos quais estamos conectados na *opennet*. A "localização" ou o identificador é o local no mapa circular da rede onde o nó se encontra naquele momento, numeração única decimal entre 0 e 1. O diagrama a seguir demonstra a ramificação das conexões para a formação da rede:

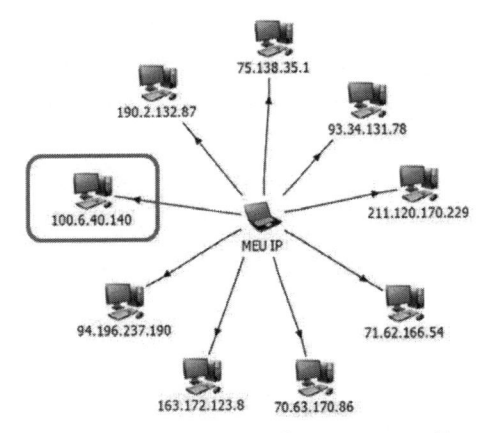

Figura 40 – Conexões primárias da nossa *opennet* Freenet

O primeiro nó da lista (IP: 100.6.40.140) está localizado na rede com o id = 0.8450337170390284 (observe a Figura 39) e possui outros quatro interligados:

Figura 41 – "Nós" em negrito indicam uma conexão direta

Da mesma forma que se têm os nós primários conectados ao nosso usuário, cada um deles possui outros interligados, resultando em uma grande teia com o número de conexões diretamente proporcional à eficiência da rede. Um único nó Freenet pode estar conectado no máximo a 85.

A partir da lista de nós e de seus respectivos IPs, foi possível construir um mapa circular das conexões, tendo como resultado o diagrama apresentado a seguir:

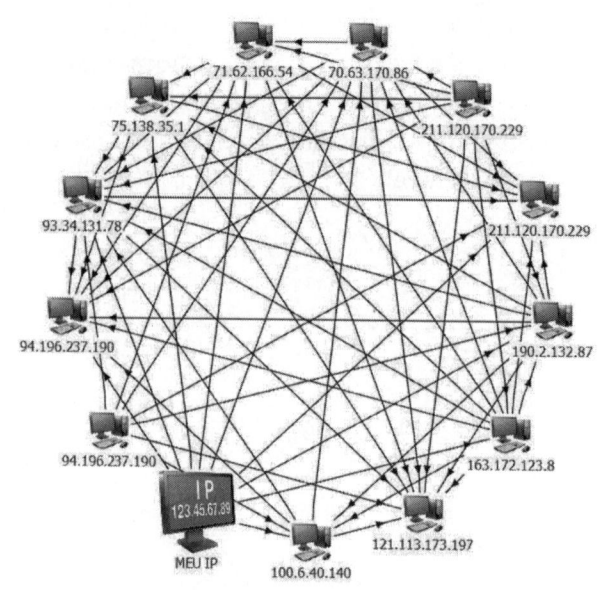

Figura 42 – Diagrama circular de vínculos dos nós Freenet

O diagrama da figura anterior demonstra como todos os nós estão interconectados. Milhares de nós se interconectam e formam uma grande rede na qual os pacotes de dados podem transitar e atingir o nó de destino, através de várias rotas de conexão possíveis e distintas. Assim, a Freenet, usando 16 nós de saída, garante o mínimo de rotas possível para alcançar esse objetivo.

Verificou-se, portanto, que a rede Freenet é, sem dúvidas, uma das principais a operar no ciberespaço da *deep web*, possuindo inclusive as quatro características propaladas como sendo as basilares desse conceito: é descentralizada, operando tipicamente em modo ponto a ponto (P2P); é anônima, pois permite a publicação de conteúdo e/ou de arquivos sem a necessidade de identificação; é segura, uma vez que a comunicação entre os nós é criptografada; além de estar disponível de forma gratuita para seus usuários e colaboradores.

Não obstante, carrega abertamente o conceito de *darknet*, por possuir em sua configuração a possibilidade de que grupos de usuários (F2F) se organizem em redes fechadas ou obscuras, a fim de promover o compartilhamento de conteúdo de interesse comum, ficando à margem dos demais usuários da rede.

4. Da rede I2P

I2P é a sigla para *Invisible Internet Project*, ou, em português, "Projeto Internet Invisível". Essa rede assemelha-se à Freenet, pois necessita da instalação de um software e requer configurações adicionais no *browser* (navegador) para o seu funcionamento. A I2P possui quatro camadas de criptografia e tem como principais agregadores de *links* o I2P Planet e o Eepstatus.

Trata-se de uma rede anônima que utiliza a troca de mensagens entre pares, conservando o princípio da descentralização de servidores através de túneis criptografados em quatro camadas. Tem como escopo fornecer um meio de comunicação para a proteção da intimidade e da privacidade dos seus usuários. Assemelha-se, nesse sentido, com as demais redes ora disponíveis.

O anonimato proposto pela rede I2P é relativo, pois dependerá de como o usuário a utilize. Não obstante, o projeto da I2P recebe constantes melhoramentos de seus voluntários, inclusive brasileiros, notadamente no incremento de medidas para a garantia de não identificação na rede.

O projeto I2P nasceu em 2003, através de um projeto de pesquisa acadêmico, mantido por um grupo dedicado de colaboradores ao redor do mundo. Todo o trabalho realizado na I2P é de código aberto, portanto, disponível gratuitamente; assim, já existem vários softwares que foram desenvolvidos especificamente para operar sob essa rede.

O software I2P é multiplataforma[60], com versões para os sistemas operacionais Windows, Mac OS X, Linux (Debian e Ubuntu), BSD e Solaris, além do *mobile* para Android e uma embarcada para o *Raspberry Pi*[61].

---

[60] Pode ser instalado em vários sistemas operacionais diferentes.
[61] É um hardware com sistema Linux embarcado (pré-instalado).

Com o software da rede I2P instalado, o usuário poderá criar e utilizar uma conta de e-mail que é privativa dessa rede. Além do mais, poderá navegar e publicar *websites* anônimos com a extensão .i2p na *deep web*. Por fim, essa rede oferece a possibilidade de utilização de clientes IRC[62] e integração com as de compartilhamento de arquivos P2P eDonkey, Gnutella e BitTorrent, através de um cliente (programa) integrado, além de outras funções.

Percebe-se, portanto, que o foco principal da rede I2P é oferecer anonimato para seus usuários. Além disso, pelo fato de se tratar de uma rede descentralizada (P2P) e com quatro camadas de criptografia e alto grau de segurança, essa rede traz consigo uma série de ferramentas e integração com outros softwares, o que permite ao usuário a realização de tarefas cotidianas.

4.1. Conceitos técnicos da rede I2P

Nesta seção procuramos analisar as características técnicas disponíveis na documentação da rede I2P referentes ao desenho da arquitetura, aos riscos de implementação, às camadas de "cliente" e de aplicação, dentre outros aspectos.

4.1.1. Funcionamento

A I2P se autodeclara um *middleware*, ou seja, um software que realiza o "meio de campo" entre o usuário que solicita uma informação e o destinatário, proporcionando um canal de comunicação criptografado seguro. Por outro lado, a Freenet figura como um sistema de armazenamento distribuído e permite a recuperação de conteúdo publicado, ainda que o usuário esteja *offline*. Assim, é inevitável que surjam as comparações entre as redes.

A fim de fixar bem as diferenças e semelhanças entre as redes estudadas, tabelamos a seguir as principais características de cada uma delas:

---

[62] *Internet Relay Chat* (IRC) é um protocolo de comunicação utilizado basicamente como bate-papo (*chat*) e troca de arquivos. Surgiu por volta de 1993 e foi o precursor de todos os programas de bate-papo que existem hoje. Atualmente é utilizado pela "velha guarda" da informática.

Tabela 1 – Comparação das principais redes da deep web

	I2P	Freenet	Tor
Página	Eepsite	Freesite	Site
Extensão	.i2p	Sequência de chaves (SSK)	.onion
Nome do nó	Roteador	Node	Relé
Objetivo	Comunicação anônima e segura	Armazenamento distribuído	Comunicação anônima e segura
Comunicação	Criptografada	Criptografada	Criptografada

Antes de continuar com as características da arquitetura I2P, é necessário conceituar e nominar alguns termos:

✓ **Router ou roteador**: na I2P, os nós, diferentemente da Tor e da Freenet, são chamados de "roteadores". Para cada tipo de ação que um usuário realizar na rede, um novo roteador é utilizado; assim, haverá um *proxy* (canal) para servidores de IRC (*chat*), outro para o servidor anônimo do usuário *eepsite* (sites das I2P), outro para o programa I2Phex (compartilhador de arquivos), dentre outros.

✓ **Tunnel ou túnel**: durante a comunicação entre os roteadores, um túnel criptografado é estabelecido entre os pares. Nesse contexto é utilizada a criptografia em camadas, na qual um roteador só consegue "enxergar" as informações que os seus vizinhos estão transmitindo, bem como o IP do próximo roteador. O ponto de partida da mensagem é chamado de *gateway*, que é o primeiro roteador do túnel. Todas as mensagens só podem ser enviadas de uma única maneira; assim, a resposta necessariamente retornará por outro *gateway*, ou seja, outro caminho.

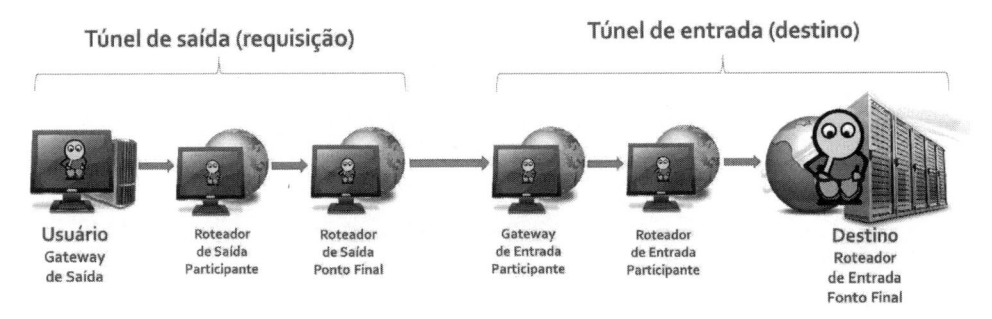

Figura 43 – Diagrama do fluxo dos túneis I2P

Existem dois tipos de túneis: os de saída, que são encarregados de enviar as mensagens do requisitante até o "Roteador de Saída Ponto Final", e os de entrada, com a função de levar a mensagem até o "Roteador de Entrada Ponto Final". O remetente (usuário) configura um túnel de saída, enquanto o receptor (destino) cria um túnel de entrada. O usuário I2P requisitante, através do seu túnel de saída, envia a mensagem até o roteador de saída "Ponto Final", o qual desencripta e verifica para qual túnel de entrada ele deverá enviá-la, até ser entregue ao seu "destino", conforme demonstra a figura esquemática anterior.

- ✓ **Network database (netDb) ou banco de dados da rede:** é um par de algoritmos utilizado para compartilhar os metadados da rede – *routerinfo* e *leaseSets*. Alguns usuários da I2P, detentores de boa largura de banda, são designados como *peer floodfill* (pares de preenchimento), ou seja, roteadores especiais encarregados de "assegurar" o funcionamento da rede quando o número de roteadores for muito baixo:
  - *RouterInfo:* mantém dados sobre um roteador I2P específico e sobre como contatá-lo.
  - *LeaseSet:* armazena informações sobre um destino específico (*site* I2P, servidor de e-mail, etc.), ou seja, qual túnel a informação deverá percorrer.

São os próprios roteadores que enviam diretamente suas informações *routerInfo* para o *netDb*, quando da sua conexão com a rede I2P.

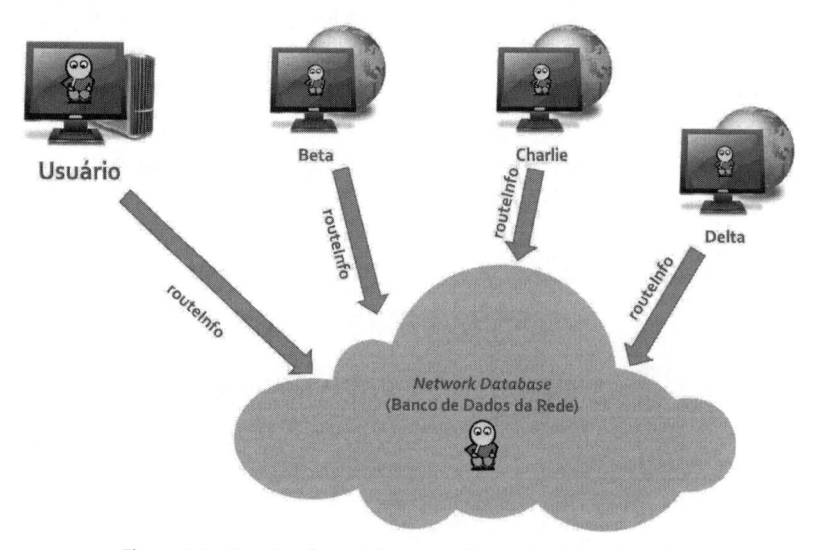

Figura 44 – Os roteadores informam o banco de dados da rede

Assim, para construir seus próprios túneis de entrada e saída, o usuário faz uma pesquisa no *netDb* com o intuito de coletar os *routerInfos* disponíveis, ou seja, a I2P deve ser capaz de informar quais usuários estão conectados naquele momento e os que darão suporte à criação de um novo túnel para tráfego de informações. Dessa forma, o usuário reúne listas de roteadores passíveis de serem usados na criação dos seus túneis.

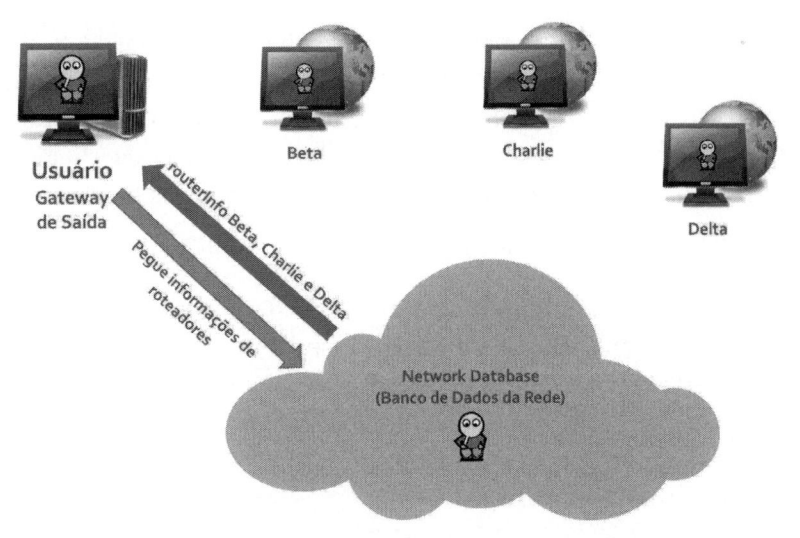

Figura 45 – O usuário recebe informações dos roteadores disponíveis

De posse das informações dos roteadores disponíveis, o software I2P do usuário que necessitará de um túnel de saída envia uma mensagem de compilação para o primeiro salto (roteador), solicitando a construção de um túnel. Esse, por sua vez, reencaminha a mensagem de construção para o roteador seguinte, até que o túnel esteja completamente construído, conforme demonstra a imagem a seguir:

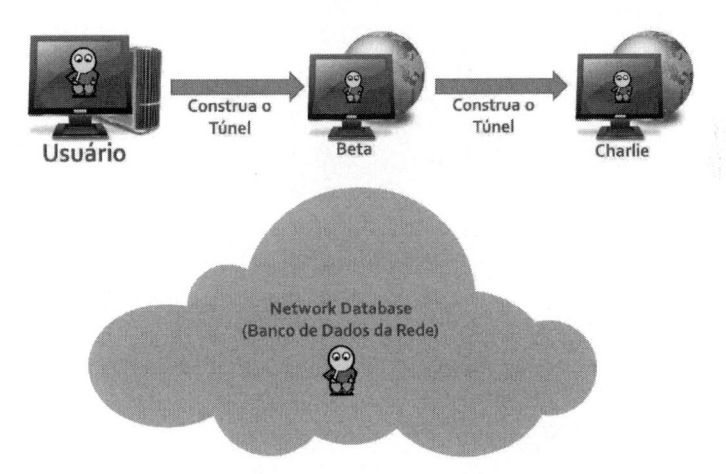

Figura 46 – Construção do túnel de saída da rede I2P

Com o túnel de saída construído, será necessário, em seguida, outro de entrada para levar a requisição até o destino. Todavia, o solicitante não tem controle sobre isso, já que isso impactaria na segurança da rede.

Assim como os usuários (roteadores) informam os seus respectivos *routerinfos* para o banco de dados da rede (*netDb*), eles também avisam quais túneis de entrada poderão ser utilizados pelos demais usuários da rede, garantindo que apenas os serviços específicos estejam acessíveis na rede, através do computador do usuário. Evita-se, assim, o tráfego de informações indesejáveis ou de cenas de abuso e exploração sexual infantil.

A relação de *gateways*, ou túneis de entrada, é chamada de *leaseSet*. Assim, no exemplo a seguir, quando o "Usuário" quiser mandar uma mensagem para o usuário "Zulu", necessariamente é feita uma pesquisa no *netDb* para encontrar os *leaseSets* disponibilizados por "Zulu". O "Roteador de Saída Ponto Final – Charlie" ficará encarregado de se conectar com o túnel de entrada de "Zulu", cujo primeiro roteador é "Victor", conforme demonstrado.

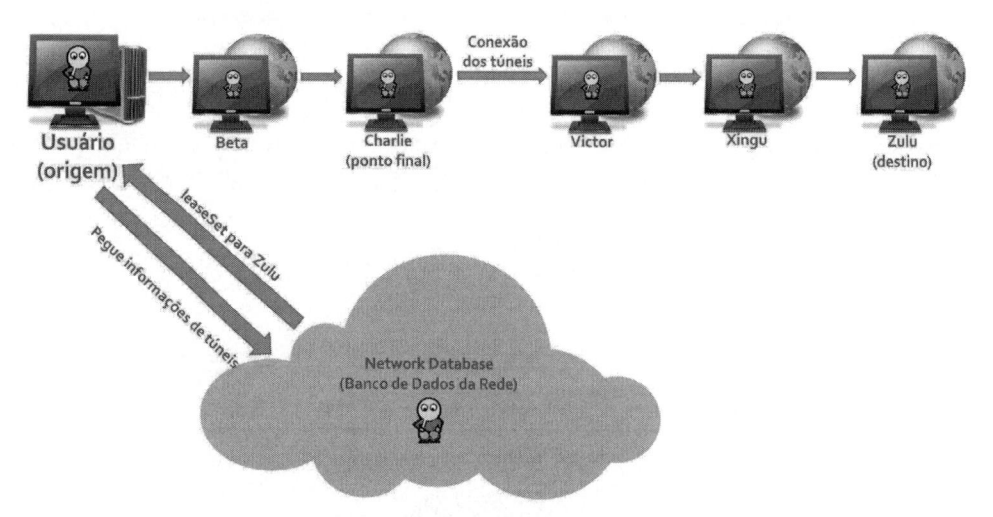

Figura 47 – Estabelecendo túneis através do *leaseSet*

Todas as conexões entre os roteadores que compõem os *gateways* (túneis) de entrada e saída são criptografadas, com outra camada de proteção inserida na ponte entre os *gateways* a partir do fechamento da conexão para a entrega da mensagem entre os túneis.

A I2P realiza o mapeamento do perfil dos pares com os quais interage, aferindo o seu comportamento indireto. Um exemplo disso é a medição do tempo de resposta, quando um roteador consulta a base de dados *netDb*, sendo essa informação registrada e transmitida para todos os roteadores componentes dos túneis de entrada e de saída, para balanceamento da carga na rede. De acordo com os dados obtidos, os pares ativos (roteadores) são organizados de forma a garantir a realização das conexões da forma mais eficiente possível.

4.1.2. Roteamento via túneis

Como já explicado anteriormente, a I2P opera através da construção de caminhos temporários e unidirecionais formados pelos roteadores da rede, classificados como túneis de entrada e de saída.

Cada roteador deve ser capaz de incluir em seus túneis certa quantidade de "saltos". A quantidade deles nos túneis de entrada e de saída tem efeito direto sobre a eficiência da rede, impactando em fatores como a latência (tempo de espera), a taxa de transferência de dados, a confiabilidade e o anonimato fornecido pela I2P. Assim, quanto mais pares as mensagens tiverem para atravessar, maior será o tempo para chegar ao destino e, provavelmente, haverá problemas na transmissão da informação, em decorrência de defeitos ou falhas dos roteadores. Por outro lado, quanto menos roteadores existirem em um túnel, mais fácil será ao invasor montar estratégias de ataque à rede com base na análise do fluxo de tráfego, comprometendo o anonimato e a segurança do usuário. Assim, de acordo com esses fatores, o comprimento máximo especificado pelo protocolo I2CP[63] é de sete saltos por túnel.

Como padrão, a arquitetura da rede e seus aplicativos utilizam de dois a três saltos, ou seja, constroem túneis com garantia de alto grau de anonimato e segurança, e preservando a velocidade e a eficiência da rede. De acordo com métricas realizadas pelos desenvolvedores, um túnel com mais de três saltos não aumentaria em nada o grau de anonimato do usuário da I2P.

---

[63] I2CP é o protocolo utilizado pelos clientes I2P para se comunicarem. Na documentação da I2P, na seção "Tunnel Build Information", disponível em <https://geti2p.net/pt-br/docs/how/tunnel-routing>, é apresentada a nomenclatura utilizada para descrever cada um dos roteadores utilizados na construção dos túneis, bem como uma descrição sobre o seu tamanho. Apresenta também a descrição da utilização de mais ou menos roteadores na construção dos túneis e suas características.

4.1.3. Roteamento "alho"

O termo *garlic routing* – roteamento alho – é tido como uma referência ao *onion* – roteador cebola – da rede Tor. A documentação oficial da rede I2P não é unânime acerca dessa afirmação, deixando em aberto o emprego desse termo tanto para se referir ao roteamento quanto a sua criptografia de quatro camadas.

Fazendo uma breve comparação, o roteamento "cebola" utilizado na rede Tor é uma técnica para construir circuitos (túneis) por meio de uma série de pares (nós). Nele, as mensagens ou dados são repetidamente criptografados pelo nó originador a cada novo salto e apenas o par vizinho conhece o conteúdo transmitido pelo outro.

Com algumas semelhanças, a rede I2P se beneficia de uma grande quantidade de pesquisas acadêmicas sobre o "roteamento cebola" da Tor. Um exemplo disso é a própria arquitetura de construção de túneis I2P no que tange à quantidade de saltos, sendo que as duas, por padrão, utilizam três nós ou roteadores.

4.2. *Download*, instalação, configuração e navegação

Nesta seção serão demonstrados os processos de *download*, instalação, interface, configuração e navegação da rede e software I2P.

4.2.1. *Download* e instalação

A instalação da rede I2P deve ser realizada através do *site* do projeto[64], onde é disponibilizado o instalador para os sistemas operacionais MS Windows, Mac OS X, Linux/BSD/Solaris, além de pacotes para Debian, Ubuntu e Android. Ademais, é necessário fazer o *download*[65] do *Java Runtime*[66] e instalá-lo antes do programa I2P. No passo seguinte, devem ser configurados alguns parâmetros no *proxy*[67] do navegador, a fim de possibilitar acesso aos *eepsites*, que são os sites anônimos da I2P.

---

[64] <https://geti2p.net/pt-br/>. Acesso em: 28 maio 2019.
[65] *Download* do Java disponível em: <https://www.oracle.com/technetwork/pt/java/javase/downloads/index.html>. Acesso em: 28 maio 2019.
[66] Assim como a Freenet, a I2P é baseada na linguagem de programação Java. Java é uma linguagem que não precisa ser compilada, ou seja, não é necessário traduzir o seu código-fonte em linguagem de máquina para que este seja interpretado pelo sistema operacional. Assim, essa linguagem é considerada multiplataforma, bastando que o computador que deseja executar um programa criado em Java possua a sua máquina virtual chamada de JRE, ou *Java Runtime*, que ficará encarregada de, em tempo de execução, processar as operações necessárias ao correto funcionamento do programa junto ao sistema operacional do usuário.
[67] É um servidor intermediário para requisições de recursos de outros servidores.

Figura 48 – Janela de instalação

O software I2P possui a opção de instalação para vários idiomas, inclusive português do Brasil. Durante esse processo, o usuário deverá desabilitar a opção "Windows Service". Para os demais passos, ele deve apenas clicar em "próximo" para finalizar com sucesso o processo de instalação.

Figura 49 – Importante – não marcar a opção "Windows Service"

4.2.2. Interface, configuração e navegação

Finalizado o processo de instalação, a página inicial será aberta no navegador padrão do usuário no endereço local conhecido como *localhost*[68]. Caso isso não ocorra automaticamente, deve-se abrir o navegador de preferência e digitar o endereço manualmente.

---
[68] http://127.0.0.1:7657/home

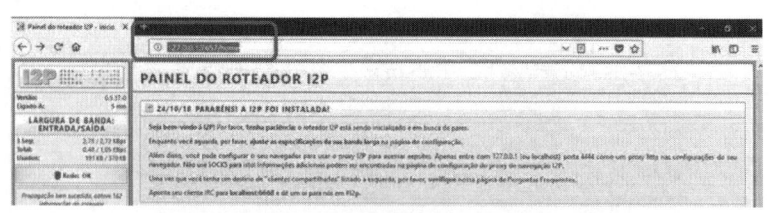

Figura 50 – Página inicial da I2P (127.0.0.1:7657)

Um passo muito importante é a configuração do *proxy* I2P para acessar os *eepsites*. Necessária se faz a inclusão do endereço local 127.0.0.1 na porta 4444 como um *proxy http* e, no modo seguro, a porta 4445 nas configurações do navegador:

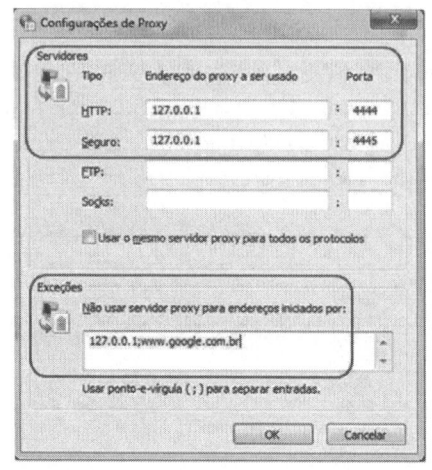

Figura 51 – Configuração do *proxy* de internet

A figura anterior demonstra as configurações de aceso à internet, e não ao navegador, o que demonstra que não é possível navegar por outros sites da *surface web* (UOL, YouTube, Facebook) enquanto elas estiverem ativas, a menos que sejam configurados manualmente os endereços que não devam passar pelo *proxy* um a um, conforme consta destacado (os endereços *localhost* e do Google).

4.2.2.1. Interface

A interface da tela inicial da I2P é muito mais amigável em comparação com a Freenet. O painel destacado mostra informações sobre a largura de banda de entrada e de saída da rede, o *status*, a existência de *firewall* ou alguma interferência, a versão do software e a permanência do usuário *on-line*.

Figura 52 – Painel de informação da rede I2P

Na aba *HIDDEN SERVICES OF INTEREST* (serviços escondidos de interesse), há uma sequência de ícones que possibilitam ao usuário I2P acessar os *eepsites* mais populares da rede (anoncoin.i2p, Fórum dos Desenvolvedores, Planeta I2P, etc.)[69].

No painel principal do software, encontramos itens como aplicações e configurações, os quais viabilizam o acesso a serviços semelhantes aos utilizados na *surface web*, tais como: e-mail, *torrents*, *web server*, etc. Assim, a interface da I2P não apresenta grandes desafios ao usuário, todavia os aspectos atinentes à configuração são merecedores de especial atenção.

4.2.2.2. Configuração

De início, a rede necessita saber qual a largura de banda de internet do usuário para utilizar nas estatísticas durante a criação dos túneis de entrada e de saída.

Figura 53 – Configuração de velocidade de internet

---

[69] Será detalhado posteriormente no tópico "navegação".

Outro aspecto a ser levado em conta é a configuração de um e-mail. Essa conta é de uso exclusivo da rede, não sendo possível enviar ou receber uma mensagem de qualquer outro domínio que não seja da I2P, incluindo a *surface web*.

Figura 54 – Tela de *login* do caixa de e-mail I2P

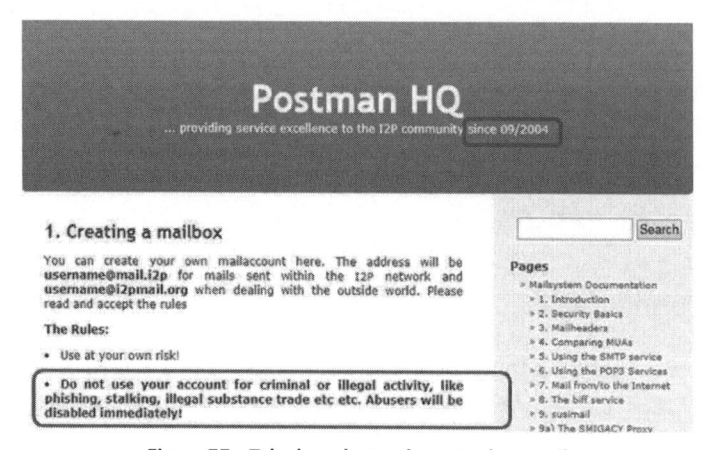

Figura 55 – Tela de cadastro da conta de e-mail

O serviço Postman HQ, provedor de acesso à conta de e-mail, está integrado à rede I2P desde o ano de 2004 e não deve ser utilizado com propósitos ilícitos[70]. O usuário poderá acessar a sua caixa postal, caso já tenha uma conta cadastrada, ou então poderá criar uma nova conta. Para tanto, submete-se a processo similar a qualquer outro serviço de correio eletrônico existente na *surface web*, o que, portanto, torna aqui dispensável a demonstração do processo.

---

[70] *Do not use your account for criminal or illegal activity, like phishing, stalking, illegal substance trade, etc. Abusers will be disabled immediately!*

4.2.2.2.1. Gerenciador de serviços ocultos, túneis e pares

O gerenciador de serviços ocultos mostra para o usuário quais os serviços disponíveis e quais os túneis que estão prontos ou não para a transmissão ou o recebimento de mensagens.

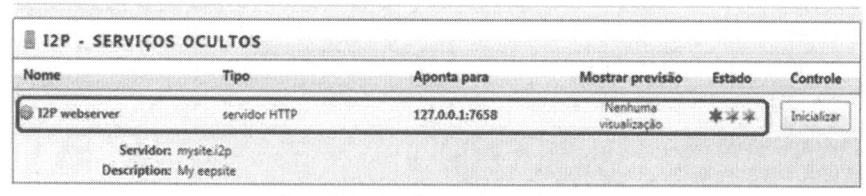

Figura 56 – Serviço oculto *webserver*

A figura anterior mostra que o sistema tem um serviço *web* (para armazenamento de páginas) à disposição, todavia sem execução no momento (estrela assinalada, na coluna "Estado").

É nesta seção que o software I2P relaciona os vários túneis disponibilizados pelo usuário, os chamados *leaseSets*, demonstrando os seus respectivos estados. A rede I2P, assim como a Freenet, identifica e classifica todos os roteadores utilizados pelo usuário durante a conexão.

Figura 57 – Par "logado" com a bandeira dos Estados Unidos

Na imagem é possível verificar que o usuário está conectado a um par com bandeira dos Estados Unidos. A seta "para cima" indica a nossa conexão saindo para o roteador identificado como *Wxmz*. Ao clicar sobre esse identificador, serão apresentadas informações mais detalhadas.

Figura 58 – Informações sobre o roteador conectado

O sistema apresenta o IP do roteador do par conectado ao nosso usuário corrente, a porta de comunicação e outros dados de identificação, inclusive a chave de assinatura criptográfica da conexão entre os pares.

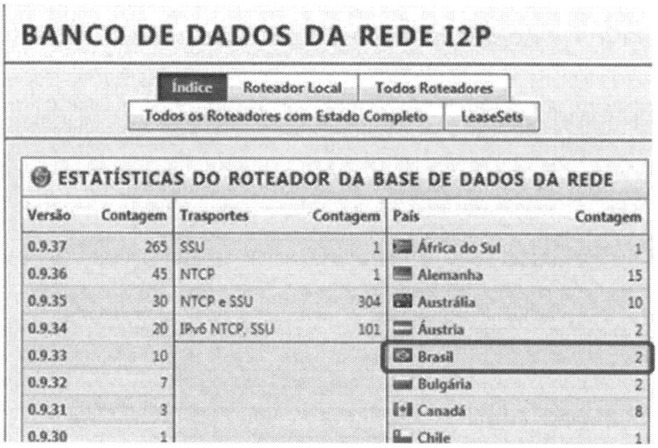

Figura 59 – Roteadores do banco de dados da rede

É possível consultar o banco de dados da rede (*netDb*) para saber quais países possuem roteadores ativos prontos para servir, filtrando os roteadores pela bandeira dos países. No momento da consulta, havia duas conexões do Brasil com os seguintes IPs dos roteadores brasileiros disponíveis naquele momento: 187.112.67.67 e 186.220.22.174[71].

---

[71] Através de breve consulta ao site Maxmind GeoIP, foi possível identificar que eles pertencem às operadoras de telefonia e internet Vivo S/A de Florianópolis e Net Virtua de São Paulo.

Ao navegar pelas opções apresentadas pelos roteadores do *netDb*, notadamente aqueles classificados como sendo brasileiros, e tomando como exemplo o roteador com IP 187.112.67.67, conforme a figura a seguir, é possível identificar na informação "Estatísticas" a quantidade de roteadores e *leaseSets* conhecidos e disponíveis para conexão, a saber: 3867 e 63, respectivamente, que estão à disposição para efetuar novos túneis ou para receber outros dados de tráfego.

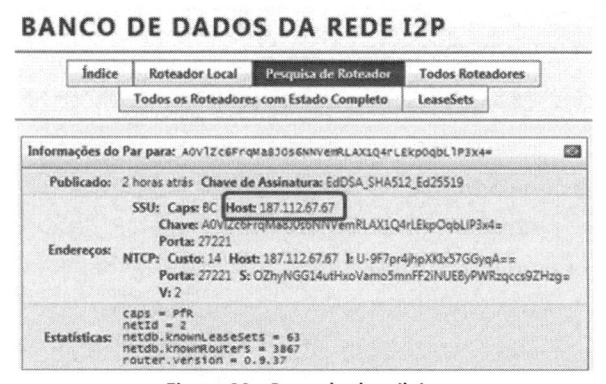

Figura 60 – Roteador brasileiro

Assim, pode-se concluir que, entre os roteadores disponíveis para a construção de túneis disponibilizados para o nosso usuário I2P, havia dois usuários "tupiniquins".

4.2.2.3. Navegação

Realizadas as principais configurações e a exploração da interface do software da rede, demonstraremos alguns dos *eepsites* encontrados na I2P. Antes, porém, é válido demonstrar a informação apresentada quando a rede não alcança ou não consegue se conectar ao *eepsite* escolhido.

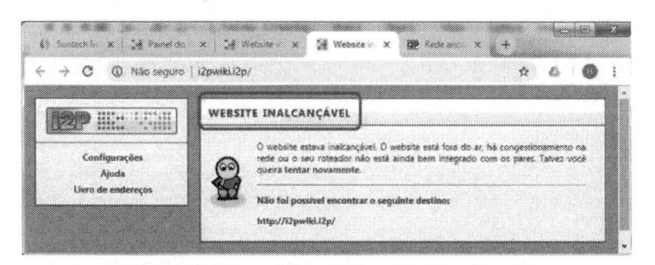

Figura 61 – Quando o *eepsite* não é localizado

O projeto I2P possui um espelho[72] de sua página oficial[73] hospedada na *deep web*[74]. É possível observar na figura a seguir, na barra de endereços, o sufixo i2p, indicando que se trata de um *site* nativo dessa rede.

Figura 62 – *Eepsite* oficial da rede I2P na *deep web*

Um dos principais agregadores de *links* da rede I2P é o Eepstatus[75]. Nele é possível checar uma lista de *eepsites* que estão disponíveis na I2P, desde que catalogados, uma vez que grande quantidade do conteúdo é distribuído para usuários e grupos afins, não sendo divulgado publicamente.

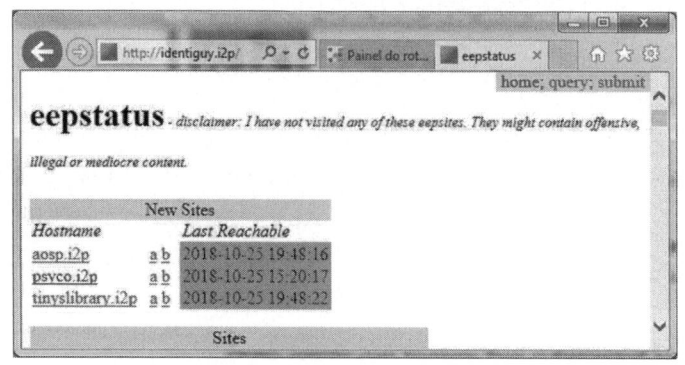

Figura 63 – Eepstatus – agregador de *eepsites*

Neste capítulo procurou-se descrever e demonstrar as principais características e funcionalidades da rede I2P. Dentre as três principais redes da *deep web* (Tor, Freenet e I2P), é fato que a I2P seja a menos conhecida pelos usuários "comuns", muito embora

---

[72] Espelho ou *mirror* é o termo utilizado na internet para designar que uma ou mais páginas ou repositórios de arquivos possuem conteúdos idênticos hospedados em endereços diferentes da internet, inclusive na *deep web*.
[73] Projeto Internet Invisível. Disponível em: <https://geti2p.net/pt-br>. Acesso em: 28 maio 2019.
[74] http://i2p-projekt.i2p/pt-br
[75] Os agregadores de *links* ou *eepsites* não são buscadores como o Google. Indexam *eepsites* de acordo com o conteúdo. Os administradores desses agregadores de *links* deixam claro que nem todos os *eepsites* foram visitados um a um e, por isso, podem apresentar conteúdo ofensivo, ilegal ou medíocre.

apresente grande quantidade de colaboradores externos, além de um chamamento público para novos integrantes do time de desenvolvedores:

> Para participar, por favor, sinta-se à vontade para juntar-se a nós no canal de IRC #i2p-dev (em irc.freenode.net, irc.oftc.net, ou na I2P em irc.echelon.i2p, irc.dg.i2p ou irc.postman.i2p). Interessado em juntar-se a nossa equipe? Por favor, entre em contato conosco! Estamos sempre em busca de contribuidores apaixonados! Precisamos de ajuda em muitas áreas, e você não precisa saber Java para contribuir! Eis aqui uma lista para ajudá-lo a começar![76]

Dentre a lista de funções para as quais o projeto busca colaboradores, destacam-se: a tarefa da simples divulgação da rede; a tradução do conteúdo para alcançar o maior número de usuários ao redor do mundo; a análise do código-fonte da rede, em busca de vulnerabilidades; programação de softwares para serem usados na rede.

Com esse chamamento público, cada vez mais novos usuários e especialistas em computação vêm conhecendo a rede e, junto com eles, usuários mal-intencionados e criminosos, que também estão descobrindo a utilidade da rede I2P.

---

[76] Na seção "Nós precisamos da sua ajuda!", acessível no menu "Voluntários", disponível no site oficial do projeto I2P, na *surface web* e na *deep web*.

5. Outras redes da *deep web*

As redes de comunicação da *deep web* mais conhecidas entre os usuários são, notadamente, Tor, Freenet e I2P. No entanto, existem incontáveis outras redes com propósitos específicos, algumas das quais, inclusive, privadas.

Quando se fala em fins específicos, o compartilhamento de arquivos é o segmento que mais possui redes disponíveis, seguido daquelas que permitem a publicação de *sites* e fóruns de discussão e, por fim, a comunicação via *chat*. Não obstante, todas possuem um mesmo objetivo: proteger o anonimato de seus usuários.

Doravante procuraremos descrever algumas dessas redes "secundárias" e as suas principais características.

5.1. Zeronet

A Zeronet é mais uma das redes da *deep web* para publicação de sites abertos, gratuitos e sem censura, usando o mesmo tipo de criptografia da *bitcoin*. Sua arquitetura é de protocolo ponto a ponto (P2P), descentralizada, que dispensa o modelo cliente/servidor, predominante na *surface web*. Além disso, utiliza a mesma tecnologia DHT empregada na rede BitTorrent. Costuma-se propalar que os *sites* da Zeronet não estão em lugar nenhum, pois estão em todos os lugares. Essa afirmação se dá devido ao fato de o armazenamento de conteúdo ser distribuído entre os nós componentes da rede, sendo impossível determinar onde ele esteja armazenado.

O projeto original desta rede de código totalmente aberto foi concebido na Hungria. Diferentemente da Freenet e da I2P, não foi desenvolvida em Java, mas, sim, na linguagem de programação Python[77].

---

[77] Python é uma linguagem de programação de alto nível e interpretada via *script*, imperativa e orientada a objetos. Foi lançada em 1991 por Guido van Rossum.

A Zeronet tem, assim como as centenas de redes que operam na *deep web*, o objetivo de proporcionar aos seus usuários o anonimato não encontrado em *sites* da *surface web*. Porém, não é uma rede anônima por padrão, pois é necessário utilizá-la casada com a Tor para alcançar esse *status*.

Um dos principais atrativos da Zeronet é a possibilidade de encontrar repositórios de *links*[78] de arquivos no formato *torrent*. Esse tipo de arquivo, conforme relatado anteriormente, é uma "semente" para os reais arquivos que se deseja baixar para o computador (filmes, músicas, jogos, softwares, etc.).

Não há necessidade de instalação da Zeronet; basta fazer o *download*[79] dos arquivos necessários à sua execução na página oficial do projeto e descompactá-los no local de preferência. Para demonstração, utilizou-se a versão para Windows, mas há versões para Mac OS, Linux e até para Android.

A rede executará seus processos em segundo plano, enquanto a página principal do software será aberta no navegador padrão do usuário. Caso isso não ocorra automaticamente, poderá ser acessada através do endereço conhecido por *localhost* na porta 43110 – http://127.0.0.1:43110.

Figura 64 – Página inicial Zeronet

---

[78] Um desses sites é o Play. Ele reúne uma enorme quantidade de arquivos *torrent* para *download*.
[79] O *download* dos arquivos de execução da Zeronet pode ser realizado em sua página oficial, no endereço <https://zeronet.io/pt-br>. Após baixá-los, o usuário deverá descompactar o arquivo no local de sua preferência e iniciar a utilização da rede através do ícone do arquivo executável. Para as demais plataformas (Mac OS, Linux, Android, etc.), há um passo a passo de como proceder a inicialização da rede no endereço: <https://github.com/HelloZeroNet/ZeroNet#user-content-how-to-join>.

A página principal da Zeronet traz uma mensagem de boas-vindas, assim como a informação de que ela está distribuída (neste exemplo, entre 66 *peers* – pontos), de forma totalmente descentralizada. O número de *peers* varia de acordo com a quantidade de usuários "logados" na rede.

O tempo de resposta durante o acesso aos sites da Zeronet é superior, quando comparado com o tempo de acesso à Freenet e à I2P. Por padrão, essa rede não "esconde" o IP (*Internet Protocol*) do usuário. Para assegurar o anonimato, o usuário deve associar a Zeronet à rede Tor. Não obstante, a velocidade de navegação cairá consideravelmente, em razão da criação dos circuitos "cebola" de conexão.

Figura 65 – Garantia de anonimato utilizando a integração com a Tor

Na página principal da Zeronet, no menu superior, há a opção de integrá-la à Tor. Logicamente, o usuário precisa, previamente, ter o software do Tor *browser* instalado.

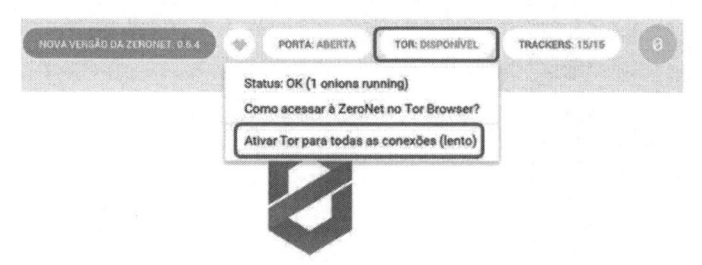

Figura 66 – Integrando a Zeronet à rede Tor

5.1.1. Algumas funcionalidades

Nessa seção serão demonstrados alguns *links* para as páginas Zeronet, sendo que algumas delas requisitam um certificado de segurança vinculado ao usuário. Assim, é necessário cadastrar um *username* na ferramenta denominada ZeroID, disponível na página principal da rede.

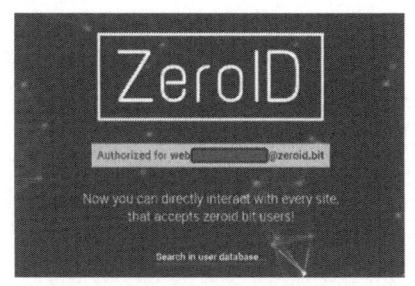

Figura 67 – ZeroID: identificador da rede Zeronet

O certificado será vinculado a um usuário Zeronet com a seguinte notação: *web/<nickname>@zeroid.bit*, no qual *<nickname>* é o nome ou apelido escolhido.

Figura 68 – Acesso aos *ZeroSites*

Na continuação do menu lateral esquerdo, há uma lista de entrada de alguns sites da Zeronet, bem como a possibilidade de acesso a um *blog*, uma rede social, e-mail e uma lista de sites, os *ZeroSites*.

Figura 69 – ZeroSites brasileiros

É possível filtrar o conteúdo dos *sites* pelo país de origem. Já existem inúmeros *sites* brasileiros, inclusive dois deles para o tráfico de "maconha" e um terceiro com conteúdo de pornografia infantil. No entanto, nenhum deles estava acessível durante nossa demonstração.

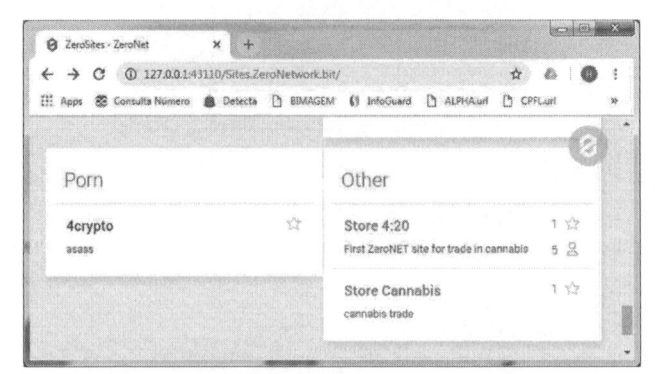

Figura 70 – *ZeroSites* brasileiros com conteúdo ilegal

Muito embora os *ZeroSites* estejam nominados em inglês, eles estão categorizados como *sites* cujo conteúdo é em português do Brasil.

Observou-se, portanto, que, independentemente da plataforma ou rede de comunicação utilizada e/ou disponibilizada na internet, haverá quem as utilize para o bem ou para o cometimento de ilícitos penais.

5.2. Outras redes segundo suas funcionalidades

Existem inúmeras redes que atendem aos requisitos de classificação dentro dos conceitos da *deep web*. Algumas possuem todas as características principais; outras, secundárias. Nesta seção analisaremos algumas redes de acordo com o seu propósito funcional: compartilhamento de arquivos; publicação de sites; conversação; ou todos esses serviços juntos.

5.2.1. Redes para compartilhamento de arquivos

Algumas das principais redes de compartilhamento de arquivos serão brevemente descritas na sequência, as quais possuem uma característica em comum: a descentralização no compartilhamento das informações entre os usuários da rede.

- ✓ **Perfect Dark:** é um aplicativo de compartilhamento de arquivos ponto a ponto (P2P) japonês com conteúdo disponível na rede, distribuído entre os nós, de forma anônima, e direcionado ao público asiático, com enorme acervo de *mangas*[80], *animes* e *hentais*[81]. A versão em inglês do programa está disponível no *site Kasumi*[82].
- ✓ **Resilio**[83]**:** é uma rede de compartilhamento de arquivos privados na essência P2P com implementação de criptografia. Contudo, não é anônima, uma das principais características das redes *deep web*. O projeto também não é *open source*, mas conta com versões multiplataforma e para vários públicos: empresas, grupos de pessoas e usuários domésticos.
- ✓ **Stealthnet:** é um software de compartilhamento de arquivos ponto a ponto anônimo, baseado no cliente RShare[84] original, cujas características herdadas foram aprimoradas. Ele é semelhante às redes ponto a ponto convencionais (eDonkey, Gnutella, etc.), mas com a vantagem de ser anônimo. O *site* era hospedado em seus domínios oficiais na Alemanha e na Áustria[85], mas a página foi retirada do ar pela justiça alemã com aviso de "Fechamento por causa de EU-DSGVO"[86]. Não obstante, o instalador Stealthnet está disponível em vários outros sites para *download*[87] de forma descentralizada. Uma vez que se trata de uma rede P2P, pode-se afirmar que é "inderrubável".

---

[80] Mangá ou *manga* é o termo utilizado para designar histórias em quadrinhos japonesas.
[81] *Hentai* originalmente significa "atitude estranha", mas o termo foi desvirtuado e hoje é associado a desenhos japoneses de cunho sexual.
[82] Endereço para *download* da rede Perfect Dark: <http://kasumi.moe/pd>.
[83] O software da rede Resilio está disponível no endereço do projeto <https://www.resilio.com> e conta com inúmeras compilações, inclusive versões para uso doméstico ou comercial.
[84] RShare é um sistema de compartilhamento de arquivos anônimo, que criptografa o tráfego dos pacotes. Ele é de código aberto anônimo e serve de embrião para a criação de várias outras redes e softwares de compartilhamento de arquivos anônimos. Nessa rede, ninguém é capaz de reconhecer nem o remetente e nem o receptor, uma vez que os endereços de IP são ocultos.
[85] Os endereços http://www.stealthnet.de e http://www.stealthnet.at, respectivamente da Alemanha e na Áustria, abrigavam o Projeto Stealthnet, porém ambos os domínios foram lacrados pela justiça alemã.
[86] Trata-se do "Regulamento Geral de Proteção de Dados" da União Europeia. Ele especifica os regulamentos de como as autoridades e as empresas deverão usar os dados pessoais.
[87] Um dos sites que disponibiliza o *download* da Stealthnet é o Sourceforge, que é especializado em armazenar softwares *open source*, assim como essa rede.

5.2.2. Redes para publicação de *sites*

✓ **Maelstrom:** foi desenvolvida pelos criadores da rede de compartilhamento de arquivos BitTorrent. Seu foco é quebrar o paradigma da arquitetura cliente/servidor com servidores descentralizados, de modo que cada ponto na rede faça tanto o papel de cliente como de servidor. O projeto foi lançado em 2014 com um navegador próprio chamado Chromium, inicialmente para usuários registrados, chegando ao ano de 2016 com a versão beta aberta para todos os usuários. Um detalhe dessa rede é que ela não implementa o anonimato, que é um requisito das redes puramente *deep web*. O usuário poderá baixar o seu instalador no *site*[88] do projeto.

✓ **Twister:** é um *microblogging* livre baseado na arquitetura P2P e no protocolo DHT, assim como a BitTorrent, com criptografia de ponta a ponta para proteção das comunicações. É assemelhado ao Twitter da *surface web*. O *download* do instalador pode ser feito no endereço do projeto oficial na internet. Ele foi idealizado pelo brasileiro Miguel Freitas[89].

5.2.3. Redes para comunicação anônima

✓ **Tox Messenger:** é uma alternativa segura e anônima ao Skype[90]. O núcleo do projeto foi iniciado em 2013 por um programador anônimo. Atualmente conta com uma comunidade de desenvolvedores que utilizam o núcleo do projeto para implementar clientes. O *site* do projeto contém informações de instalação[91].

---

[88] Instalador e detalhes adicionais da rede estão disponíveis no endereço eletrônico do projeto, em <https://maelstrom.br.uptodown.com/windows>. Acesso em: 28 maio 2019.

[89] Miguel Freitas é engenheiro de pesquisa na PUC-Rio. Possui Mestrado em Telecomunicações e Doutorado em Eletromagnetismo Aplicado. Até 2007, foi um dos principais desenvolvedores do Xine, o reprodutor de multimídia para Linux.

[90] É um programa de mensagens disponível para múltiplas plataformas. Possui versões gratuitas e pagas. Está entre os mensageiros mais populares do mundo por sua variedade de recursos. É possível trocar mensagens de texto, chamadas de vídeo, VoIP e, inclusive, conferências de forma remota. Foi lançado em 2003 e logo se tornou muito famoso por permitir ligações telefônicas. Em 2011, a Microsoft passou a deter os seus direitos comerciais.

[91] O Tox foi idealizado logo após os vazamentos de informações de Edward Snowden em relação à atividade de espionagem da NSA. Um pequeno grupo de desenvolvedores de todo o mundo se formou e começou a trabalhar em uma biblioteca que implementa o protocolo Tox. Ela fornece todos os recursos de mensagens e de criptografia e é completamente dissociada de qualquer interface de usuário; para um usuário final fazer uso do Tox, ele precisa apenas de um cliente do Tox. Existem vários projetos de clientes Tox independentes e a implementação original da biblioteca principal do Tox continua a melhorar. Ele é um projeto FOSS (*Free e Open Source*). Todo o código do Tox é *open source*. Ele é desenvolvido por desenvolvedores voluntários que passam seu tempo livre acreditando na ideia do projeto. Tox não é uma empresa ou qualquer outra organização legal. Não aceita doações ou patrocínios ao projeto, e sim mão de obra intelectual. O software está disponível em: <https://tox.chat>. Acesso em: 28 maio 2019.

✓ **Demonsaw:** é uma plataforma de comunicação criptografada para envio de informações sem que haja a coleta de dados ou vigilância de governos ou corporações. O projeto está disponível no *site* do próprio Demonsaw[92].

Seria impossível descrever todas as redes que, por sua natureza, podem ser classificadas como pertencentes à *deep web*. Existem inúmeros projetos públicos e privados de redes anônimas e seguras para os mais diversos públicos e propósitos.

A tendência atual é que o desenvolvimento e o uso dessas redes cresçam ainda mais, posto que vários segmentos de usuários estão buscando cada vez mais privacidade e anonimato na grande rede, principalmente para evitar que seus dados de navegação sejam utilizados por grandes corporações. Porém, elas também trazem consigo os criminosos virtuais, que inovam diuturnamente no uso das ferramentas de informática para causar o mal às pessoas.

Há, ainda, um movimento homônimo da rede Freenet já estudada, cujos idealizadores criticam o uso comercial da "internet comum", buscando formas de descentralizar informações e de proporcionar a inclusão digital do maior número de pessoas ao redor do mundo. É interessante frisar que se trata de um documentário encabeçado por quatro entidades brasileiras comprometidas com o debate de liberdade e da defesa dos direitos na rede. São elas: Instituto Brasileiro de Defesa do Consumidor (Idec), Centro de Tecnologia e Sociedade da Fundação Getúlio Vargas (CTS/FGV), Instituto Nupef e Intervozes. O documentário está disponível em vários sites, inclusive com aclamação internacional. Um dos sites que hospedam o documentário é o Libreflix[93]. O filme tem como pano de fundo a Conferência Global ocorrida em abril de 2014 em São Paulo.

Durante o evento, o físico e cientista da computação britânico Timothy John Berners-Lee, conhecido como o "pai da *World Wide Web*", discursou e, preocupado com os rumos tomados atualmente, propôs um novo contrato com a internet. Em um dos trechos, ressaltou que "a *web* está num ponto crucial. Precisamos de um novo contrato para ela, com responsabilidades claras e rígidas para aqueles que têm o poder possam agir melhor". Por fim, asseverou:

---

[92] Possui versões para Windows, Linux e Mac OS. Um dos criadores dessa rede, Eijah Demonsaw, atuou na criação jogo *Grand Theft Auto V* – O Grande Ladrão de Carro. Disponível em: <https://www.demonsaw.com>. Acesso em: 28 maio 2019.
[93] Disponível em: <https://libreflix.org/i/freenet>. Acesso em: 28 maio 2019.

Certas políticas, como a neutralidade de rede, precisam envolver governos; outras coisas precisam envolver as empresas, sejam grandes, pequenas ou *startups*. Se você é um ISP, deve se comprometer a entregar uma internet neutra. Se você é uma rede social, deve garantir o controle dos próprios dados pelos usuários.

6. Da investigação policial

A inclusão digital assistida nos últimos anos trouxe grandes benefícios para o dia a dia das pessoas. Em paralelo a esses avanços, cresceram as práticas criminosas no meio cibernético. O desenvolvimento virtual econômico representado pelo comércio eletrônico (*e-commerce*) permitiu a migração de crimes praticados no meio físico para o virtual. Os infratores se utilizam de vários recursos disponíveis no ambiente virtual para auferir proveito na prática delitiva.

Atribuir autoria delitiva é um desafio para os integrantes da polícia judiciária, em razão da oferta de inúmeros serviços garantidores de privacidade, notadamente na *deep web*. Inúmeras dificuldades são apontadas, desde a inexistência de leis para dar suporte a essas novas tecnologias até a falta de expertise investigativa no cenário cibernético.

Nos dias que correm, os usuários costumam fornecer seus dados sem realizar a verificação de idoneidade das aplicações de internet ou da segurança oferecida pelos serviços. Os golpistas, nesse contexto, costumam tirar proveito dessas vulnerabilidades existentes para potencializar suas ações[94].

A legislação pátria brasileira possui diversos normativos que, muito embora anteriores até mesmo ao advento da internet, podem ser utilizados para dar suporte às investigações que se processam em razão de delitos cometidos no ambiente virtual. Podemos citar como exemplo o tráfico de drogas ou o abuso e a exploração sexual infantojuvenil na *deep web*, crimes já tipificados em leis próprias há tempos. O am-

---

[94] Em Alagoas, primeiro estado da Federação a instituir o Programa de Nota Fiscal Eletrônica com bônus aos consumidores, golpistas aproveitaram os números de CPF disponíveis em fontes abertas para realizar o cadastramento no programa da nota fiscal de forma fraudulenta e, posteriormente, resgatar os créditos gerados pelo programa. Um dos arquitetos do golpe foi preso na cidade de Araçatuba, interior do estado de São Paulo. A operação policial foi desencadeada no ano de 2010, por uma Força Tarefa formada pela Secretaria de Segurança Pública e pela Secretaria da Fazenda de Alagoas, contando com o apoio da Polícia Civil de São Paulo, através do Centro de Inteligência de Araçatuba.

biente cibernético, nesse caso, é apenas um meio para a prática delitiva, não havendo necessidade, portanto, de outra lei para tipificar tais comportamentos. Entretanto, o processo legislativo não consegue acompanhar os avanços tecnológicos. A cada dia surge algo novo que cria um "gap" (atraso, descontinuidade) até mesmo para o usuário mais familiarizado e atualizado na área. Contudo, não podemos limitar o processo investigativo por essas escusas.

Por conseguinte, o Código Penal, o Código de Processo Penal, o Marco Civil da Internet, o Estatuto da Criança e do Adolescente, as leis nº 11.343/06, 9.613/98 e 12.850/13, dentre outras, podem ser utilizadas como balizadoras na tipificação de condutas e na investigação dos crimes praticados na *deep web*.

Para os investigadores, entretanto, os desafios enfrentados durante o processo de investigação são enormes. Em que pesem diversos delitos serem de menor potencial ofensivo, persistem graves crimes, como abuso e exploração sexual infantil; crimes de ódio; tráfico de drogas, armas e munições; venda de produtos farmacêuticos proibidos, controlados ou falsificados; crimes contra o patrimônio, dentre outros.

A título de exemplo, podemos citar o tipo penal previsto no Estatuto da Criança e do Adolescente. Quando o responsável legal pela prestação do serviço, após oficialmente notificado, deixar de desabilitar o acesso à fotografia, ao vídeo ou a outro registro que contenha cena de sexo explícito ou pornográfica envolvendo criança ou adolescente, estará sujeito a uma pena de três a seis anos de reclusão[95]. Se o conteúdo estiver hospedado em um *site* ou rede social, por exemplo, não haverá empecilhos na sua remoção. Na *deep web*, todavia, o cenário é distinto, pois a hospedagem fica a cargo do usuário, protegido pelo anonimato e por várias camadas de criptografia, o que inviabiliza, portanto, essa remoção.

Independentemente da gravidade do delito em investigação, recomenda-se a instauração de inquérito policial para apuração do fato, já que a complexidade[96] e os

---

[95] Art. 241-A, §2º do Estatuto da Criança e do Adolescente.
[96] STJ HABEAS CORPUS Nº 26.988/SP. PROCESSUAL PENAL. HABEAS CORPUS. ART. 203 DO CP. TRANCAMENTO DE INQUÉRITO. FALTA DE JUSTA CAUSA. LEI 9.099/95. POSSIBILIDADE DE INSTAURAÇÃO DE INQUÉRITO POLICIAL – O trancamento de inquérito, conquanto possível, cabe apenas nas hipóteses excepcionais em que, *prima facie*, mostra-se evidente a atipicidade do fato ou a inexistência de autoria por parte do indiciado, não sendo cabível quando há apuração plausível de conduta que, em tese, constitui prática de crime, como ocorreu na espécie. Não obstante a regra de que nos feitos de competência dos juizados especiais criminais deva se proceder à lavratura do termo circunstanciado, a Lei nº 9.099/95, a teor do seu art. 77, § 2º, não veda a instauração do inquérito policial nas hipóteses em que a complexidade ou as circunstâncias do caso não permitam a formulação da denúncia. Ordem denegada.

meios utilizados para a prática delitiva são incompatíveis com o procedimento de lavratura do Termo Circunstanciado de Ocorrência[97].

Barreto e Araújo (2017) apontam a instauração de inquérito policial como o meio eficaz na atribuição de autoria nos crimes informáticos, sejam próprios ou impróprios[98]:

> Como regra, o inquérito policial é prescindível na apuração dos delitos abrangidos por essa lei. Embora a regra seja a lavratura de termo circunstanciado, não se vislumbra, porém, a existência de vedação legal para a instauração de inquérito policial, em se tratando de infração de menor potencial ofensivo. Vale demarcar que a complexidade da investigação e as circunstâncias do fato serão determinantes para a instauração do inquérito policial. Nos crimes cometidos através da internet, em especial na divulgação de conteúdo íntimo sem autorização, esse enredamento se faz presente. Há, sobremaneira, a necessidade de realização de exames periciais, representação pela quebra de sigilo telemático junto aos provedores de conexão e aplicações de internet e outras diligências que demandarão um tempo considerável para serem concluídas. Desse modo, não é possível, portanto, por meio de termo circunstanciado de ocorrência, coletar todos os elementos informativos individualizadores de autoria e materialidade delitiva.

Enfim, a investigação dos crimes cibernéticos representa, ainda hoje, grandes desafios para as polícias judiciárias brasileiras, que devem avançar na aplicação de novas metodologias para individualizar a autoria e a materialidade delitiva. Assim, como diversos trabalhos foram deflagrados para tornar a rede um ambiente mais seguro e estável, carecemos de atuação mais incisiva nesse espaço até então "desconhecido", para responsabilizar os criminosos ali existentes.

Na sequência serão apresentadas algumas técnicas para investigações de crimes detectados em sites e plataformas de transferência de arquivos na *deep web*.

---

[97] Lei nº 9.099/95. Art. 69. A autoridade policial que tomar conhecimento da ocorrência lavrará termo circunstanciado e o encaminhará imediatamente ao Juizado, com o autor do fato e a vítima, providenciando-se as requisições dos exames periciais necessários.

[98] BARRETO, Alesandro Gonçalves; ARAÚJO, Vanessa Lee. **Vingança Digital**: compartilhamento não autorizado de conteúdo íntimo na internet – procedimentos de exclusão e investigação policial. Rio de Janeiro: Mallet, 2017, p. 97.

6.1. Os crimes mais comuns encontrados na *deep web*

Há certo preconceito relacionado aos conteúdos que trafegam na *deep web* e, consequentemente, contra quem a utiliza, com base no senso comum de que "se não estiver fazendo nada de errado, não há motivos para se esconder ou ficar anônimo por trás de um computador". Essa é uma afirmação habitual dos leigos, que tacha, portanto, quem acessa as redes da *deep web* de pessoa mal-intencionada ou criminosa, quando, na realidade, a principal motivação de quem a utiliza para se comunicar é manter o seu direito à privacidade, coisa que, na superfície, é extremamente difícil, em razão da coleta indiscriminada de informações pessoais a cada novo *site* visitado.

Ocorre que, por causa dessa possibilidade de privacidade irrestrita e de anonimato, mais uma vez a tecnologia é desvirtuada. Criminosos encontraram terreno fértil para o cometimento de ilícitos, principalmente para auferir lucros com venda de produtos ilegais e materiais contendo cenas de abuso sexual infantil, conforme será mostrado na sequência.

6.1.1. Tráfico de drogas

Existem inúmeros sites, especialmente na rede Tor, que comercializam livremente drogas, principalmente sintéticas: ecstasy[99], MDMA[100], NBONe[101], dentre outras. Cada vendedor cria sua própria página, que é hospedada localmente, em seu próprio computador (princípio da descentralização – P2P), e a disponibiliza ao público.

A organização é tamanha que são criados os chamados *black markets* ou mercados negros, onde são reunidos vários vendedores com uma variedade enorme de drogas e outros produtos ilegais ou falsificados. Há *sites* e fóruns de discussões gerenciados por brasileiros, inclusive.

---

[99] A metilenodioximetanfetamina é popularmente conhecida como ecstasy ou MDMA, mas é apenas o princípio ativo dessas duas drogas sintéticas. Elas são usadas em festas *rave*. Os efeitos mais comuns são a sensação de prazer e o estado de euforia.

[100] MDMA é outra droga derivada da metilenodioximetanfetamina. É conhecida entre os usuários por MD ou Michael Douglas, uma referência ao ator estadunidense, após lançamento de uma paródia pelo DJ brasileiro João Brasil. O referido ator, inclusive, em uma rede social, agradeceu a homenagem.

[101] NBOMe é o nome genérico para uma série de drogas alucinógenas. A mais comuns da série é a 25I--NBOMe. Essas drogas são semelhantes ao LSD, descoberto por volta de 1938. Os efeitos de sua ingestão incluem euforia e visões de olhos abertos ou fechados. É comercializado como se fosse um pequeno selo postal.

Figura 71 – Wallstreet Market

O Wallstreet Market é, atualmente, um dos principais mercados negros da *deep web*. Ele está presente na rede Tor (observe o domínio *onion*), inclusive em português do Brasil. No trecho enquadrado na figura anterior, é possível observar outros *sites*, abaixo da palavra *Mirrors*, que significa "espelhos". Esse conceito é muito utilizado no ramo da hospedagem de *sites*, até mesmo na *surface web*. De forma bem simples, significa que existem vários endereços possíveis para acessar o mesmo Wallstreet Market. Isso é uma técnica para garantir que o serviço não saia do ar por completo. Se um usuário tentar acessar o *site* em um endereço e esse estiver indisponível, ele poderá acessar o conteúdo através de outro.

A lista de *mirrors* também é atualizada a todo o tempo, pois, como os sites são armazenados localmente, pode ser que o *peer* (computador) que está hospedando um desses endereços pare de funcionar indefinidamente. Um exemplo disso é se o administrador do serviço é preso. Esse é o princípio da "continuidade" dos negócios, fazendo uma analogia com as ciências contábeis.

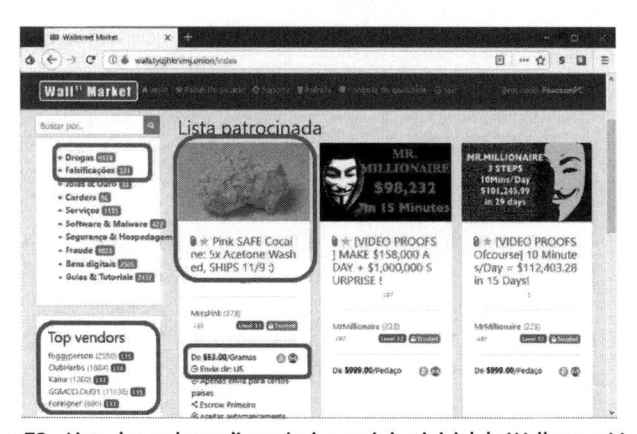

Figura 72 – Lista de produtos disponíveis na página inicial do Wallstreet Market

A imagem anterior mostra a página inicial do Wallstreet Market. Em destaque e em bom português, lê-se "Drogas", com mais de seis mil produtos oferecidos, e "Falsificações", com mais de trezentas possíveis. Também em destaque observam-se os vendedores mais ativos desse mercado negro.

Em evidência, também, a *Pink Cocaine*, que é uma droga altamente alucinógena apreendida em 2016 com um grupo de colombianos[102] inicialmente na Ilha de Ibiza[103], na Espanha.

O valor por cada grama dessa droga no mercado negro é de aproximadamente 53 dólares americanos, algo ora em torno de duzentos reais. O detalhe que chama a atenção é que o vendedor, que está nos Estados Unidos, só aceita como forma de pagamento *bitcoins* e *monero*[104].

A comercialização de ecstasy é um dos carros-chefes desses mercados negros de venda de drogas, pois são pequenos comprimidos, fáceis de esconder e muito consumidos entre os jovens de classe média e alta. As encomendas são despachadas pelos correios sem levantar qualquer tipo de suspeita.

Figura 73 – Venda de ecstasy

---

[102] CHAMBERLAIN, Patrick. Don't do the pink cocaine Ibiza. **Pulse**, 28 June 2016. Disponível em: <https://pulseradio.net/articles/2016/06/don-t-do-the-pink-cocaine-in-ibiza>. Acesso em: 28 maio 2019.
[103] Ibiza é um lugar paradisíaco muito frequentado por celebridades, como atores, jogadores de futebol e milionários em geral.
[104] É uma criptomoeda de código aberto, criada em abril de 2014. Possui mais privacidade que o *bitcoin*.

Os *sites* de venda de drogas não pertencem apenas aos "gringos". No Brasil, um dos principais *sites* de mercado negro (totalmente "tupiniquim") está *offline* desde o início do ano de 2018. Especula-se que os responsáveis estejam presos, no entanto nada foi divulgado pela mídia; outros especulam que o *site* saiu do ar propositadamente, deixando seus usuários a "ver navios", praticando uma espécie de estelionato virtual; outros, no entanto, acreditam que a plataforma está passando por reformas e logo retornará às operações em outros endereços da *deep web*.

Em pesquisas mais profundas, foi possível identificar alguns fóruns de brasileiros em que os crimes de tráfico de drogas, tráfico de armas e falsificações em geral continuam a todo vapor.

6.1.1.1. Estudo de caso – Polícia Civil de Araçatuba-SP

Encontrar um conteúdo buscando na *deep web* não é tarefa fácil. A busca deve ser feita com extrema paciência, já que parte do material ora disponível poderá configurar alguma ilegalidade ou imoralidade. Consequentemente, quem os publica atenta para certas precauções, notadamente repassar o endereço de hospedagem apenas aos que já conhecem ou que participam de algum grupo fechado, conforme mostrado a seguir:

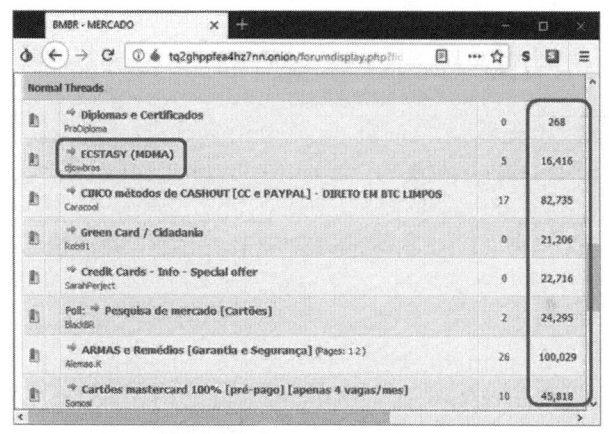

Figura 74 – Mercado negro do Brasil – Lista de discussão

A imagem da figura anterior ilustra um dos vários fóruns de discussões hospedados em *sites* da rede Tor utilizados principalmente por brasileiros para praticar o comércio ilícito de drogas, armas, documentos falsificados ou qualquer outro tipo de ilegalidade que dificilmente passaria despercebido na superfície.

Essa página, ao que tudo indica, é gerida por um ou vários administradores brasileiros que reúnem fornecedores de vários produtos ilegais, principalmente drogas e armas. O responsável pela página age como se fosse um atravessador, cobrando um valor mensal prefixado por cada transação efetivada, para que o "anunciante" se mantenha ativo no mercado negro. Em alguns casos, chega a cobrar até 20% do valor mensal das transações efetuadas através do fórum.

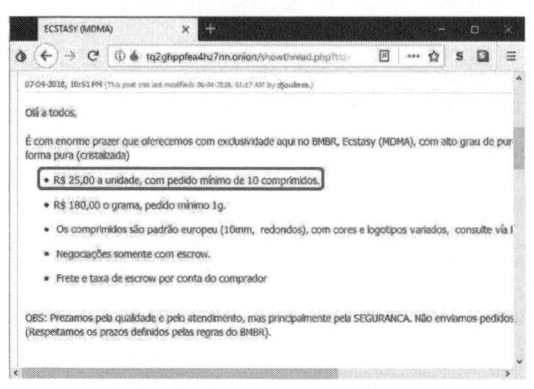

Figura 75 – Oferta de ecstasy

O tráfico de drogas, principalmente as sintéticas, é um dos principais crimes cometidos através da internet, principalmente na *deep web*, cenário no qual prevalece a dificuldade da identificação da autoria, notadamente em razão do anonimato.

Dentre as diversas drogas utilizadas nesse comércio eletrônico, podemos citar o ecstasy, o LSD, o MBONe e infinitas variantes. A facilidade de transporte, inclusive por meios oficiais de entregas de encomendas, cuja ocultação é feita entre produtos de origem lícita, dificulta a fiscalização das autoridades. Alguns comprimidos e/ou micropontos possuem tamanho aproximado a ¼ de um selo postal.

Grande parte das drogas sintéticas provém de países europeus e é destinada às grandes cidades do centro-sul do país, especialmente São Paulo, Rio de Janeiro, Belo Horizonte, Porto Alegre e Florianópolis. Inclusive, o estado de Santa Catarina apresentou grande quantidade de prisões relacionadas nos últimos dois anos. O número de apreensões nos aeroportos brasileiros cresceu bastante nos últimos anos[105]. A droga é disponibilizada no mercado local em redes da *deep web* ou em aplicativos de mensageria.

---

[105] ARAÚJO, Peu. Apreensão de drogas sintéticas no aeroporto de Guarulhos cresce quase oito vezes em dois anos. **R7**, 23 fev. 2017. Disponível em: <https://noticias.r7.com/sao-paulo/apreensao-de-drogas-sinteticas-no-aeroporto-de-guarulhos-cresce-quase-oito-vezes-em-dois-anos-23022017>. Acesso em: 24 maio 2019.

Figura 76 – Apreensão de drogas sintéticas e fitas credenciais de festas "rave" (acervo pessoal)

Através de investigação policial realizada pelos policiais civis de Araçatuba, logrou-se êxito na identificação de um grupo denominado *La Famiglia*. Os integrantes, alguns deles menores de idade, utilizavam o WhatsApp e o Facebook para realizar o comércio de todo tipo de drogas, especialmente as sintéticas. Após a individualização da autoria e materialidade delitiva, foram deflagradas as operações policiais *Candy Drug*[106] I[107] e II[108], que resultaram na prisão de vários indivíduos, inclusive jovens de classe média da região de Araçatuba.

A partir dos resultados dessas operações, os policiais da região passaram a receber instruções sobre a ocorrência dessa nova droga, intensificando a fiscalização, uma vez que o "selo" da droga pode ser ocultado dentro da própria carteira do traficante ou do usuário, de modo que passaria despercebido durante qualquer abordagem policial convencional.

---

[106] "Bala" é o nome com que os jovens se referem às drogas sintéticas. "Candy Crush" é um famoso jogo de computador, cujo objetivo é formar trincas de balas para passar de nível. O nome da operação, portanto, é referência direta ao termo "bala" e *drug* (droga).
[107] OPERAÇÃO Candy Drug da Polícia Civil prende 3 jovens suspeitos de movimentar nova droga. **Jornal Interior**, 03 jun. 2016. Disponível em: <https://www.jornalinterior.com.br/mostra_noticia.php?noticia=26837>. Acesso em: 28 maio 2019.
[108] OPERAÇÃO da Polícia Civil prende fornecedor de drogas sintéticas na região de Araçatuba. **SBT Interior**, 06 set. 2016. Disponível em: <http://sbtinterior.com/noticia/operacao-da-policia-civil-prende-fornecedor-de-drogas-sinteticas-na-regiao-de-aracatuba-2016-09-06.html?srefr=sbtinterior>. Acesso em: 28 maio 2019.

Numa dessas ações, ocorrida no mês de outubro de 2018, desencadeada por policiais civis do Grupo de Operações Especiais de Araçatuba, estado de São Paulo, foi preso um rapaz com grande quantidade de drogas sintéticas. Os policiais também apreenderam os seus equipamentos informáticos, os quais foram encaminhados para análise do Centro de Inteligência. Após a extração de dados, autorizada por determinação judicial, foi identificado que esse jovem adquiria as drogas sintéticas de um fornecedor nos Estados Unidos, cuja negociação era realizada através de um mercado negro disponível na *deep web*.

No *notebook* do autuado em flagrante foram encontradas capturas de telas (imagens) de um *site* denominado Dream Market[109]. O endereço desse *site* estava hospedado na rede Tor, através do domínio *onion*.

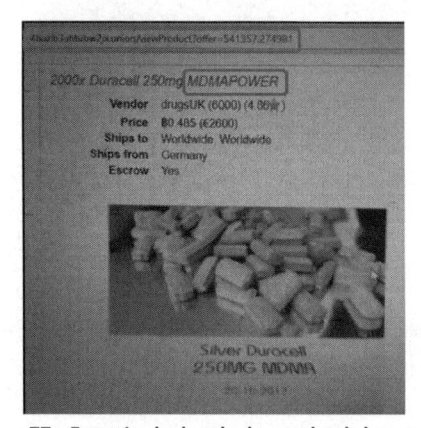

Figura 77 – Foto tirada da tela do *notebook* do autuado

A identificação da origem da droga sintética apreendida foi obtida através de um número de rastreio dos correios encontrado em uma anotação no aparelho celular do autuado. Em consulta de fontes abertas realizadas no *site* dos correios, os investigadores lograram êxito na elucidação da origem e do destino final da entrega das drogas sintéticas, assim como foram mapeadas mais de vinte pessoas que comercializam as drogas sintéticas em festas *rave* da região.

Parte do produto adquirido via *deep web* do fornecedor dos Estados Unidos foi apreendida em uma ação do Grupo de Operações Especiais de Araçatuba, no início de novembro de 2018.

---

[109] http://4buzlb3uhtubw2jx.onion/

Figura 78 – Ecstasy apreendido em operação policial (acervo pessoal)

6.1.2. Tráfico de armas

Além do tráfico de drogas sintéticas e outros produtos, o comércio ilegal de armas de fogo e munição é outra modalidade atraente para vendedores e compradores na *deep web*, principalmente para brasileiros.

Acompanhando as informações de alguns fóruns de discussões, abertos principalmente por vendedores, é possível verificar a existência de várias pessoas interessadas na aquisição de armas de fogo através do mercado negro.

Muito interessante consignar que muitos desses vendedores aventureiros na *deep web* possuem lojas virtuais na "internet comum" e até mesmo empresas físicas devidamente estabelecidas no Brasil. No entanto, alegando maior facilidade e com outros propósitos, procuram na *deep web* compradores, para venderem seus produtos sem qualquer fiscalização.

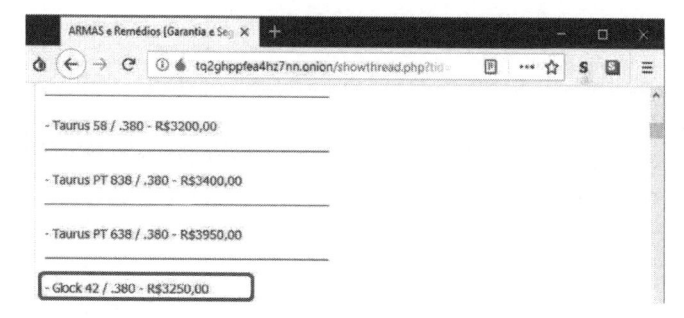

Figura 79 – Algumas armas oferecidas

Nos sites regulares de venda de armas encontrados na "internet comum", o preço desse modelo varia de cinco a oito mil reais, ou seja, custa muito mais caro do que o valor oferecido no mercado negro da *deep web*.

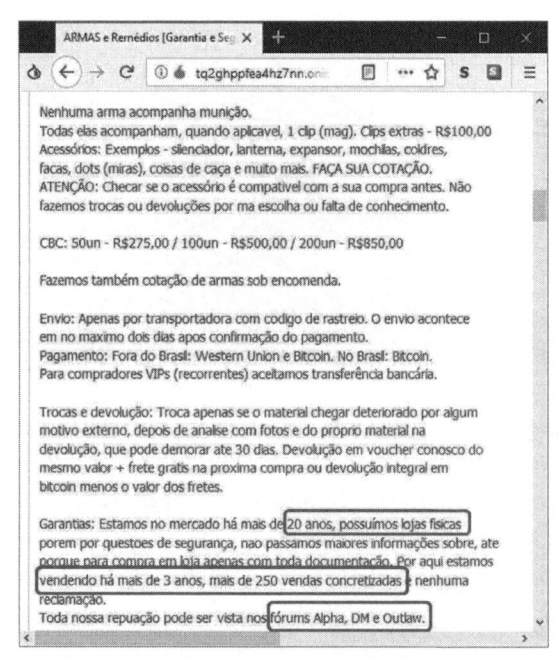

Figura 80 – Informações e precauções do vendedor

De acordo com as informações prestadas pelo próprio vendedor no fórum de discussões, ele possui loja física, mas comercializa através do mercado negro da *deep web* há mais de três anos. Inclusive afirma que já realizou mais de 250 vendas. Também é possível verificar que ele vende seus produtos em mais três sites da *deep web*: Alpha, DM (Dream Market) e *Outlaw*, que significa "fora da lei".

6.1.3. Abuso e exploração sexual infantil

Um dos crimes mais praticados nas redes da *deep web* é o abuso e a exploração sexual de crianças e adolescentes. A Organização Mundial da Saúde, através do seu manual[110] de doenças, trata o tema "pedofilia" como sendo um transtorno mental do desvio do comportamento sexual. Portanto, pedofilia, em sentido amplo, está vinculada a uma doença, e a pessoa – o "pedófilo" – deve ser tratado como doente.

A legislação brasileira, no entanto, trata o tema como crime, principalmente após o advento do Estatuto da Criança e Adolescente – ECA (Lei nº 8.069/1990), e também

---

[110] Manual de doenças da OMS, capítulo de transtornos mentais, no que tange às Neuroses, Transtornos de Personalidade e outros Transtornos Mentais Psicóticos, sob o código 302 – Desvio Sexual, subcódigo 302.2 pedofilia (1975, p. 199).

com as alterações trazidas pela Lei nº 11.829/2008, que modificou e acrescentou a ele alguns dispositivos legais especificamente voltados à proteção da dignidade sexual de crianças e adolescentes na rede mundial de computadores.

Ficam evidentes, dessa forma, as controvérsias entre as correntes de definições, quais sejam, as visões de médicos e as de criminalistas. Uns defendem que a "pedofilia" é uma doença e que deveria ser tratada como tal; outros afirmam que as pessoas que praticam esse tipo de perversão não devem ser tratadas como doentes, pois geralmente convivem bem em sociedade, ocupam cargos e funções de destaque em suas comunidades, possuem credos variados, cores distintas e identidades sexuais também diversas. Ou seja, seriam pessoas capazes de fazer escolhas e assumir as consequências de seus atos.

Em razão da falta de consenso, tem-se evitado nominar o investigado por essas práticas com o termo "pedófilo", bem como se referir genericamente às diversas condutas afins como "pedofilia". Adotam-se, então, adjetivos como "abusador" ou "predador" para se referir ao autor nesses casos. Da mesma forma, o termo "pedofilia" deve ser substituído por "abuso ou exploração sexual infantil", uma vez que a vítima é a criança, e não o autor, evitando-se, assim, o conflito ideológico e os posicionamentos médicos/jurídicos sobre o tema.

Além das discussões de cunho médico-criminal, é necessário ponderar a natureza cultural que existe em muitos países, inclusive aqui no Brasil, onde crianças contraem casamentos ou constituem família mesmo com apenas nove ou dez anos de idade.

Para estabelecer parâmetros adequados, aceitos em qualquer parte do mundo, a Interpol[111] criou critérios de classificação dos arquivos que circulam na internet envolvendo crianças e adolescentes. Assim, os países membros da Interpol, que somam cerca de cinquenta, através do grupo de agentes que atuam nesse ramo, denominado de *Crimes against children*, ou seja, "crimes contra crianças", classificaram como delituosos os arquivos (vídeos e fotos) de acordo com três características:

a) Visualmente, deve ser possível a identificação de crianças em fotos ou vídeos.
b) O foco da fotografia ou filmagem é direcionado para o genital da criança.
c) Nas imagens há crianças em ato explícito de sexo com outra criança ou com adulto.

---

[111] Organização internacional que ajuda na cooperação de polícias de diferentes países. Com sede em Lyon, na França, a Interpol tem como principais projetos ações antiterrorismo e proteção infantil. O Brasil integra a Interpol através de agentes da Polícia Federal que atuam na sede, além de participarem da capacitação de outros policiais e de ações que necessitam de cooperação internacional.

Agentes do mundo inteiro se reúnem em Lyon, na França, na sede da Interpol, para realizar um mutirão de classificação dos arquivos. Assim, se um arquivo é produzido no Brasil e passa a circular na Alemanha, a comunidade internacional de agentes que fazem parte do grupo inicia imediatamente uma investigação, a fim de identificar também a autoria, mas principalmente a identidade da criança que foi violentada naquele material, para tirá-la daquela situação de risco.

Os abusadores sexuais de crianças estão cada vez mais especializados. Utilizam métodos sofisticados, que compartilham entre eles e com outras pessoas, com o intuito de praticar os seus atos físicos pervertidos e distribuir o material na internet. Na "rede comum" dificilmente um arquivo contendo cenas de abuso sexual infantil passará despercebido, pois os esforços são muitos por parte das autoridades e também da sociedade em geral, na tentativa de coibir esse tipo de violência.

Na *deep web,* no entanto, o terreno é vasto e fértil para a divulgação desse tipo de material, que é produzido em várias partes do mundo, inclusive no Brasil. Na base de dados da Interpol, há vários casos de arquivos envolvendo crianças brasileiras, cujos arquivos são produzidos diariamente e distribuídos em fóruns da *deep web*.

Navegando na rede Tor, não é difícil encontrar *sites* de divulgação explícita de arquivos contendo cenas eróticas de crianças, os chamados *teen models* – modelos juvenis –, bem como *sites* mais pesados, contendo cenas explícitas de abuso sexual infantil.

Um dos *sites* que divulgam fotos e vídeos de garotas na faixa etária dos oito a quatorze anos é o *Erotic Land – Youngest Girls Models* ou "Terra do Erotismo – Jovens Modelos", que está no ar desde 2012, sem identificação dos autores.

Esse *site* é um chamariz muito atrativo para quem busca esse tipo de material na internet, principalmente na *deep web*. No Brasil, na superfície, um *site* desses não se sustentaria no ar, uma vez que viola, principalmente, o disposto no Artigo 241-A, §2º do Estatuto da Criança e Adolescente[112].

Há *sites* que comercializam arquivos com cenas de abuso e exploração sexual infantil. Proprietários de *sites* como esses vendem os arquivos (fotos e vídeos) em mídias físicas como *pen drives* e DVDs, além de cobrarem pelo acesso a determinados conteúdos de forma *on-line*.

---

[112] As condutas (...) deste artigo são puníveis quando o responsável legal pela prestação do serviço, oficialmente notificado, deixa de desabilitar o acesso ao conteúdo ilícito [...].

6.1.4. Violação de direitos autorais

A violação de direitos autorais[113] é um dos crimes fins mais cometidos através da internet, principalmente com o advento do formato MP3[114] de compressão de áudio, lançado na década de 1990, e posteriormente com o formato de vídeo MP4[115]. Através dessas tecnologias, observou-se a disponibilização gratuita de uma enxurrada de músicas e filmes dos mais variados gêneros em diversos serviços *on-line*.

Com a intensificação das fiscalizações, as operações policiais e os processos criminais, os *sites* da *surface web* deixaram de armazenar esses tipos de arquivos, em razão de infringirem a legislação e, consequentemente, serem passíveis de punições. O auge e o declínio da disponibilização de músicas e vídeos em sites "comuns" ocorreram no início dos anos 2000, uma vez que era possível determinar, através do endereçamento IP, o proprietário do *site* que estava disponibilizando indevidamente o conteúdo para *download*.

Não obstante, foi justamente nessa época que surgiu o primeiro programa de compartilhamento de arquivos, o Napster[116], o qual também foi tirado por ar por conta de processos junto à justiça estadunidense. Esse software deixou, no entanto, um legado que perdura até os dias atuais: o conceito de redes ponto a ponto, mesmo princípio utilizado pelas mais variadas redes que operam na *deep web*.

A partir dos conceitos deixados pelo Napster, surgiram inúmeros softwares de compartilhamento ponto a ponto, bem como novas tecnologias para aumentar a taxa de transferência desses dados entre os usuários. Em sequência, surgiu então a rede

---

[113] Trata-se do Artigo 184 e dos parágrafos seguintes do Código Penal Brasileiro, cuja pena inicial é de três meses a um ano de detenção.

[114] Em 1995 o MPEG-1 *Layer* 3, padrão de compressão de áudio, é batizado pelo *Moving Picture Experts Group* como MP3 e disponibilizado para o público. Representava uma revolução na distribuição de áudio digital para a época.

[115] Formato de compressão de áudio e vídeo da mesma família do MP3. Pode-se afirmar que foi a partir dessas tecnologias que se tornaram possíveis os mais variados sistemas e serviços de *streaming* na internet.

[116] O Napster foi criado em 1999 por Shawn Fanning e Sean Parker. Apesar de o Napster realizar uma conexão P2P (ponto a ponto) entre dois computadores, era necessário que o cliente (usuário) se conectasse ao servidor Napster, o qual possuía endereço de IP fixo, cuja identificação por parte das autoridades estadunidenses se deu, portanto, com o mínimo de esforço. Ele protagonizou o primeiro grande episódio na luta jurídica entre a indústria fonográfica e as redes de compartilhamento de música na internet. Compartilhando, principalmente, arquivos de música no formato MP3, o Napster permitia que os usuários fizessem o *download* de um determinado arquivo diretamente do computador de um ou mais usuários, de maneira descentralizada, uma vez que cada computador conectado à sua rede desempenhava tanto as funções de servidor quanto as de cliente.

BitTorrent, que utiliza o conceito de DHT – já discutido anteriormente –, em que os computadores dos usuários não mais armazenam os arquivos, mas, sim, os seus metadados, os arquivos *torrents*, que são disponibilizados em vários *sites*, inclusive na superfície.

Um dos principais *sites* que hospedam arquivos *torrent*, tipicamente utilizados nas redes baseadas no protocolo BitTorrent, é o The Pirate Bay ou "A Baía Pirata", o qual possui a sua versão hospedada na superfície, ou pelo menos possuía. Essa dúvida consiste no fato de o *site* mudar constantemente de hospedagem, para driblar as sanções criminais impostas pelas autoridades dos países por onde ele passa. Na *deep web*, no entanto, não há essa preocupação.

Figura 81 – Logotipo do *site*

O Pirate Bay é um dos mais famosos sites para *downloads* de arquivos para as plataformas BitTorrent, mas não é o único. Existe nele a opção de busca de conteúdos em português do Brasil e em várias outras línguas.

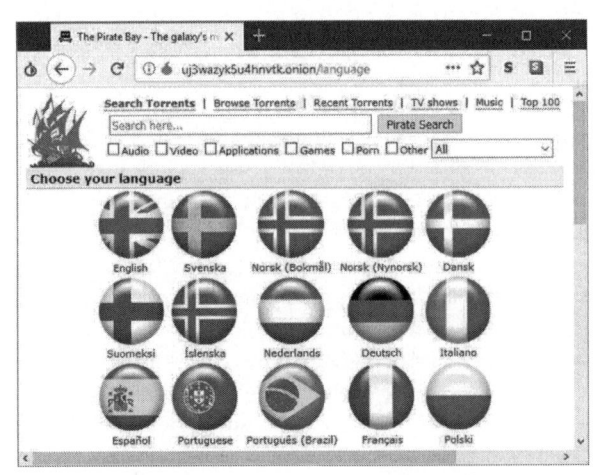

Figura 82 – The Pirate Bay na *deep web*

O *site*, no entanto, não é um programa de compartilhamento de arquivos, como eMule, Shareaza, Ares Galaxy, uTottent, etc. Pelo contrário, ele é um agregador de sementes[117] e *links* magnéticos para aqueles computadores que possuem o arquivo. Nele é possível fazer as pesquisas de indexação.

Figura 83 – Pesquisa pelo filme "Pantera Negra" em português

Realizou-se a pesquisa pelo nome em português do filme "Pantera Negra", obra cujo protagonista homônimo é icônico do universo Marvel[118]. Por meio dessa pesquisa, foi possível identificar que o arquivo está presente para *download* através da rede BitTorrent. É necessário que o usuário tenha instalado um programa cliente para baixar o arquivo para o seu computador.

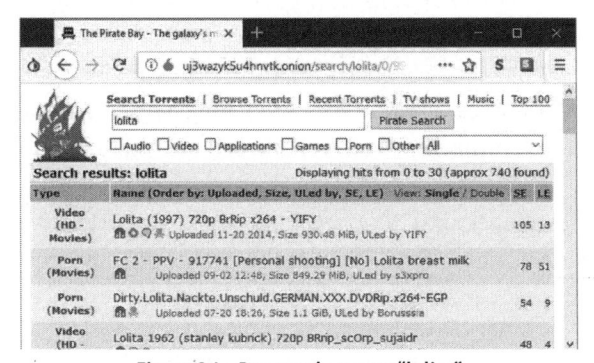

Figura 84 – Busca pelo termo "lolita"

Na imagem da figura anterior, buscamos pelo termo "Lolita", personagem da obra de Vladimir Nabokov[119]. No "mundo pedófilo", *Lolita* é o termo ou palavra-chave utilizada para pesquisar conteúdo de abuso sexual de jovens meninas na faixa etária dos dez aos quatorze anos de idade.

É impossível catalogar e exemplificar todo tipo de crime que é cometido dentro da *deep web*, e esse é o grande desafio das forças de segurança para os próximos anos. Parte considerável da "internet comum", inclusive grandes corporações, governos e

---

[117] Arquivos que possuem os metadados, ou seja, as informações necessárias para se encontrar o usuário que, de fato, possui o arquivo a ser baixado.
[118] A Marvel Studios é um estúdio de cinema estadunidense que faz parte da Disney.
[119] Vladimirovich Nabokov foi um romancista, poeta, tradutor e entomologista russo-americano.

forças policiais, já cogita migrar sua forma de navegação para *sites* e sistemas que utilizam a anonimidade como fator preponderante, para resguardar a privacidade.

6.2. Preservação do conteúdo

O Código de Processo Penal, no seu art. 6º, determina à autoridade policial que, logo após tomar conhecimento da prática de infração penal, deve "dirigir-se ao local, providenciando para que não se alterem o estado e a conservação das coisas, até a chegada dos peritos criminais".

À vista disso, quando um homicídio é praticado, a preservação do local do crime é deveras importante e, caso não seja feita a contento, diversas evidências podem ser destruídas, comprometendo, sobremaneira, a individualização da autoria e a materialidade delitiva.

Da mesma forma, o disposto no CPP deve ser aplicado nos crimes informáticos. Ou seja, o investigador deve ter em mente os passos necessários para preservação do crime em meio cibernético. A evidência produzida nesse meio virtual caracteriza-se pela volatilidade, devendo oportunamente ser salvaguardada, sob pena de prejudicar consideravelmente a investigação policial em andamento. Essa ação, todavia, não deve ser confundida e em nenhum momento substituirá os exames periciais a serem realizados posteriormente.

Barreto, Caselli e Gaudencio (2016) asseveram sobre a importância dessa preservação na busca de evidências nesse local de crime virtualizado:

> O cometimento de uma infração produz, no local do crime e adjacências, vestígios que contribuirão para a individualização da autoria e materialidade. Caberá, portanto, à polícia judiciária identificá-los. É o caso, por exemplo, de um crime de homicídio em que, para solucionar o fato, os investigadores irão coletar informações sobre o local, meios, motivos, circunstâncias, testemunhas e imagens de circuitos fechados de TV e representarão judicialmente pela quebra de sigilo de dados protegidos e por medidas cautelares diversas como interceptação telefônica, entre outras.
>
> Da mesma forma, as infrações cometidas com ou através da internet produzem um local de crime virtual, com informações importantíssimas que auxiliarão no esclarecimento do fato. Vestígios cibernéticos são deixados pelo infrator, devendo a perquirição criminal encontrá-los, como, por exemplo, as informações livremente descritas pelo autor do fato como postagens realizadas na internet aberta ou ainda a coleta dos protocolos de internet utilizados pelo criminoso. Essa atuação não resulta em monitoramento de pacote de dados

com o conteúdo das informações trafegadas pelo usuário, ou acesso à base de dados protegido pelo sigilo constitucional. A atividade policial é exercida no sentido em colher e individualizar vestígios e fragmentos deixados pelo criminoso quando da execução da atividade ilícita.[120]

Para os delitos praticados na *surface*, Barreto e Brasil (2016) sugerem como meios de preservação da evidência[121]: *print screen*[122], certidão do escrivão de polícia[123], ata notarial[124], cooperação policial internacional[125], plataformas disponibilizadas pelas aplicações de internet[126], ofício da autoridade policial[127], dentre outros.

---

[120] BARRETO, Alesandro Gonçalves; CASELLI, Guilherme; GAUDENCIO, Andressa. Aplicação de modernas técnicas de investigação digital pela Polícia Judiciária e sua efetividade. **Direito & TI**, 01 maio 2016. Disponível em: <http://direitoeti.com.br/artigos/aplicacao-de-modernas-tecnicas-de-investigacao-digital-pela-policia-judiciaria-e-sua-efetividade/>. Acesso em: 24 maio 2019.

[121] BARRETO, Alesandro Gonçalves; BRASIL, Beatriz Silveira. **Manual de Investigação Cibernética à Luz do Marco Civil da Internet.** Rio de Janeiro: Brasport, 2016.

[122] Apesar de ser utilizada em diversas situações de preservação de conteúdo, esse procedimento pode ser, por vezes, questionado, em razão de ser obtido de forma unilateral bem como suscetível de alteração por uma infinidade de softwares existentes.

[123] Essa certidão, lavrada por servidor dotado de fé pública, tem presunção *juris tantum* de legitimidade e veracidade e somente poderá ser desconstituída mediante prova em contrário.

[124] TJ-SP – Agravo de Instrumento: AI 2151698-63.2016.8.26.0000. Código de Processo Civil. Art. 384. A existência e o modo de existir de algum fato podem ser atestados ou documentados, a requerimento do interessado, mediante ata lavrada por tabelião.
Parágrafo único. Dados representados por imagem ou som gravados em arquivos eletrônicos poderão constar da ata notarial.
A prova de eventos e fatos observados junto à Internet, como são no caso em exame, tem sido feita preferencialmente mediante lavratura de ata notarial, pois a chancela do notário confere fé-pública ao documento. Sucede que não há justificativa para se colocar em dúvida a higidez e a veracidade do conteúdo dos documentos apresentados pela agravante para comprovar o descumprimento da obrigação de não fazer que lhe foi imposta.

[125] O Serviço de Cooperação Policial da Coordenação Geral de Cooperação Internacional, órgão vinculado do Diretor Geral do DPF, é o que assume a atribuição de realizar a cooperação policial internacional pelo Brasil.

[126] Facebook Records, disponível em <www.facebook.com/records>, é um dos exemplos de plataformas utilizadas, tanto para preservação de evidência quanto para encaminhamento de ordens judiciais, ofícios requisitórios de dados cadastrais e solicitações de emergência. Canais de comunicação como esse auxiliam, sobremaneira, a investigação policial. Outras aplicações, como Google e WhatsApp, disponibilizaram serviços semelhantes.

[127] Marco Civil da Internet. Art. 15. O provedor de aplicações de internet constituído na forma de pessoa jurídica e que exerça essa atividade de forma organizada, profissionalmente e com fins econômicos deverá manter os respectivos registros de acesso a aplicações de internet, sob sigilo, em ambiente controlado e de segurança, pelo prazo de 6 (seis) meses, nos termos do regulamento.
§ 2º A autoridade policial ou administrativa ou o Ministério Público poderão requerer cautelarmente a qualquer provedor de aplicações de internet que os registros de acesso a aplicações de internet sejam guardados, inclusive por prazo superior ao previsto no *caput*, observado o disposto nos §§ 3º e 4º do art. 13.

Não obstante e em razão das peculiaridades da *deep web*, alguns dos procedimentos de guarda da evidência na *surface* não se aplicam naquele ambiente. Para tanto, recomendamos, preferencialmente, a lavratura de certidão do escrivão de polícia ou a ata notarial como meios eficazes.

Enfim, a preservação da evidência será crucial nas investigações de delitos praticados na *deep web*.

6.3. Coleta em fontes abertas

O conceito de inteligência de fontes abertas ou *Open Source Intelligence* é, de acordo com o FBI[128], "uma ampla gama de informações e fontes amplamente disponíveis, incluindo as obtidas através da mídia (jornal, rádio e televisão), profissional e de arquivos acadêmicos e de dados públicos".

Cepik (2003) define inteligência de fontes abertas como:

> A obtenção legal de documentos legais sem as restrições de segurança, da observação direta e não clandestina de aspectos políticos, militares e econômicos da vida interna de outros países ou alvos, do monitoramento da mídia (jornais, rádio e televisão, da aquisição legal de livros e revistas especializadas de caráter técnico-científico), enfim, de um leque mais ou menos amplo de fontes disponíveis cujo acesso é permitido sem restrições especiais de segurança. Quanto mais abertos os regimes políticos e menos estritas medidas de segurança de um alvo para a circulação de informações, maior é a quantidade de inteligência potencialmente obtida a partir de programas de *osint*.[129]

Do mesmo modo, a Doutrina Nacional de Inteligência de Segurança Pública conceitua fonte aberta como aquela "cujo dado é de livre acesso" e fonte fechada como a que contém "o dado protegido (necessidade de credenciamento para acesso) ou negado (necessidade de operação de busca para sua obtenção)".

Barreto e Wendt (2013) enfatizam a aplicação dos dados disponíveis tanto para a produção de conhecimento quanto provas em direito admitidas:

---

[128] *Federal Bureau of Investigation* (FBI) é uma das Polícias Federais dos Estados Unidos. Atua tanto como uma polícia investigativa como de produção de inteligência interna.
[129] CEPIK, Marco A. C. **Espionagem e Democracia**. Rio de Janeiro: FGV, 2003.

> Qualquer dado ou conhecimento que interesse ao profissional de inteligência ou de investigação para a produção de conhecimentos e ou provas admitidas em direito, tanto em processos cíveis quanto em processos penais e, ainda, em processos trabalhistas e administrativos (relativos a servidores públicos federais, estaduais e municipais).[130]

Ferro Júnior e Dantas (2010) diferenciam inteligência de fontes abertas de uma mera atividade de pesquisa:

> Ainda que tanto uma atividade quanto a outra resultem na criação de conhecimento, o produto resultante da IntelFA resulta da aplicação do "método de inteligência", do que decorre que seus produtos guardem, em função disso, a peculiaridade de poder apoiar processos decisórios específicos e envolvendo atores e organizações predeterminadas.[131]

Nos dias que correm, a importância de se produzir conhecimento sobre fontes abertas aumentou exponencialmente, especialmente nas redes distintas da *surface web*, com enorme fluxo de dados e um número crescente de usuários.

Os usuários da *deep web* produzem uma enorme quantidade de dados, conteúdo este capaz de fornecer ao profissional de segurança pública uma infinidade de opções na obtenção do dado buscado, o que dá celeridade e eficiência ao seu trabalho.

No Brasil, analistas de inteligência e investigadores não têm por hábito valorizar o dado livremente disponível, sob o argumento da valorização apenas do "secreto" como fonte de informação, não servindo o dado disponível, portanto, como produção de conhecimento ou elemento informativo.

Por outro lado, diversas agências policiais internacionais vêm incorporando na sua rotina a busca desse dado. De acordo com uma pesquisa realizada no ano de 2014 pela Associação Internacional de Chefes de Polícia (IACP), 82,3% aplicam mídias sociais no incremento da investigação policial. Corriqueiramente, empregam-nas como ferramentas nos seguintes percentuais: Facebook (95,4%); Twitter (66,4%); e YouTube (38,5%). Ademais, a solução de crimes tem sido facilitada por essa abordagem em 77,5% dos casos.

---

[130] WENDT, Emerson; BARRETO, Alesandro Gonçalves. **Inteligência Digital**. Rio de Janeiro: Brasport, 2013.
[131] FERRO JÚNIOR, Celso Moreira; DANTAS, George Felipe de Lima. **Inteligência de Fontes Abertas**. 02 jul. 2010. Disponível em: <http://gestaopolicial.blogspot.com.br/2010/07/inteligencia-de-fontes-abertas.html>. Acesso em: 24 maio 2019.

Paralelamente, outro estudo realizado pela LexisNexis no ano de 2014, sobre o aproveitamento das mídias sociais para a investigação policial, demonstrou a inexistência de rotina na coleta de conteúdo por 52% das agências pesquisadas. De mais a mais, 75% dos policiais adquirem conhecimento sem nenhuma capacitação, enquanto 46% utilizam-se dessa compreensão para agregar valor à sua atividade.

Essa aplicação foi demonstrada no ano de 2008 pela Polícia de Cincinnati, Estados Unidos. Por mais de nove meses, a polícia local fez o uso de redes sociais para a identificação de 71 integrantes de gangues locais. Já na cidade de Pádua, região norte da Itália, foram identificados e presos pichadores após postagens no Facebook e no YouTube.

A polícia belga, por exemplo, fez uso das redes sociais como ferramenta de desinformação. Ao iniciar as ações de repressão aos ataques terroristas sofridos, a polícia local solicitou a não postagem de informações referentes às investigações. Houve adesão em massa pela população, inundando as redes sociais com imagens de gatos, sem alusão às ações policiais.

Ressalte-se, por oportuno, que a utilização de dados de fontes abertas não é exclusividade da atividade policial. Os tribunais pátrios já vêm aceitando essa coleta para subsidiar suas decisões. No julgamento de um *habeas corpus*, o termo "consulta realizada em fontes abertas na rede mundial de computadores" foi empregado para comprovar a relação entre as empresas investigadas. Noutro caso, houve a individualização de investigados através de redes sociais.

Inúmeros são os casos de aplicação dos dados de fontes abertas por parte do poder judiciário, dentre os quais destacamos: suspensão de auxílio-doença em razão de postagens no Facebook; localização de beneficiário da Justiça do Trabalho; e negativa de justiça gratuita.

Enfim, a quantidade de dados disponíveis na *surface web* não pode ser descartada pelo policial na busca de elementos informativos ou na produção de conhecimento de inteligência pública.

6.4. Da infiltração policial

Os meios de obtenção de prova na *deep web* não diferem dos aplicados na *surface*; no entanto, exigem maior capacidade técnica por parte dos investigadores, na atribuição da autoria delitiva. Os crimes com atuação na *deep web* possuem maior expertise no campo cibernético, não havendo, portanto, espaço para amadores.

O detetive Chris Purchas[132], da Seção de Exploração Infantil da Unidade de Crimes Sexuais do Serviço Policial de Toronto, no Canadá, cunhou a seguinte expressão: "na 'internet comum' nós prendemos os peixinhos; na *deep web*, nós capturamos os tubarões". Ele se refere a crimes de abuso e exploração sexual infantil na internet. Enquanto na superfície os criminosos, na maioria das vezes, são consumidores de arquivos de abuso (fazem o *download* e armazenam em seus dispositivos informáticos), na *deep web* há a predominância dos criminosos produtores desse tipo de material, que, posteriormente, disponibilizam para os usuários da rede, mediante pagamento ou até mesmo gratuitamente. A partir daí, esses conteúdos passam a ser compartilhados em redes ponto a ponto (P2P) ou em grupos de aplicativos de mensageria.

Investigar crimes praticados em meio cibernético não tem sido tarefa fácil, notadamente quando os criminosos contam, para a prática dos seus atos, com uma infinidade de ferramentas tecnológicas acessíveis de forma gratuita, garantindo-lhes o anonimato e os meios para esgueirar-se da persecução penal. Se os delitos praticados na *surface web* já trazem consigo certos impedimentos para a atribuição de autoria delitiva, que dirá os efetivados na *deep web*.

Nesse contexto, inserem-se os crimes de abuso e exploração sexual contra crianças e adolescentes efetuados na *deep web*. As particularidades das redes que operam nesse ciberespaço dificultam, sobremaneira, a individualização da autoria delitiva, cabendo ao investigador a obtenção de elementos de informação através de outros meios permitidos em nossa legislação, dentre os quais destacamos a infiltração policial.

Sannini Neto (2016) conceitua a infiltração como:

> Uma técnica especial, excepcional e subsidiária de investigação criminal, dependente de prévia autorização judicial, sendo marcada pela dissimulação e sigilosidade, na qual o agente de polícia judiciária é inserido no bojo de uma organização criminosa com objetivo de desarticular sua estrutura, prevenindo a prática de novas infrações penais e viabilizando a identificação de fontes de provas suficientes para justificar o início do processo penal[133].

---

[132] Christopher Purchas é policial desde 1996. Seu primeiro trabalho investigando pornografia infantil na internet foi em 2004. Desde 2006 dedica-se a treinar policiais no mundo inteiro para realizar investigações na internet contra a disseminação de materiais de abuso sexual infantil.

[133] SANNINI NETO, Francisco. Infiltração de agentes é atividade de polícia judiciária. **Canal Ciências Criminais**, 27 jul. 2016. Disponível em: <https://canalcienciascriminais.com.br/infiltracao-de-agentes-e-atividade-de-policia-judiciaria/>. Acesso em: 27 maio 2019.

A Organização das Nações Unidas considera a infiltração policial como meio de obtenção de provas. Isso está expresso tanto na Convenção das Nações Unidas contra o Crime Organizado Transnacional[134] como na Convenção das Nações Unidas contra a Corrupção[135].

No Brasil, a infiltração policial foi inicialmente prevista na Lei nº 9.034/1995, aplicando-se somente nos casos de crimes praticados por organizações criminosas. A Lei nº 11.343/06 – Lei de Drogas – anteviu, em seu art. 53, I, a infiltração de agentes de polícia[136]. Por fim, a Lei nº 12.850/13, diferentemente dos diplomas citados, além da previsão do instituto, estabeleceu os requisitos necessários para o deferimento e o estabelecimento dos seus limites[137].

Apesar disso, dúvidas existiam quanto à sua aplicação na investigação de crimes de abuso e exploração infantojuvenil ocorridos em ambiente cibernético. Para dirimi-las, foi sancionada a Lei nº 13.441, de 08 de maio de 2017, ocasionando alterações na Lei nº 8.069, de 13 de julho de 1990, o Estatuto da Criança e do Adolescente – ECA.

---

[134] Adotada em Nova York, na data de 15 de novembro de 2000, foi promulgada através do Decreto nº 5015, de 12 de março de 2004. No art. 20, ao estabelecer as técnicas especiais de investigação, assevera que "se os princípios fundamentais do seu ordenamento jurídico nacional o permitirem, cada Estado Parte, tendo em conta as suas possibilidades e em conformidade com as condições prescritas no seu direito interno, adotará as medidas necessárias para permitir o recurso apropriado a entregas vigiadas e, quando o considere adequado, o recurso a outras técnicas especiais de investigação, como a vigilância eletrônica ou outras formas de vigilância e as operações de infiltração, por parte das autoridades competentes no seu território, a fim de combater eficazmente a criminalidade organizada".

[135] Estipulada pela Assembleia-Geral das Nações Unidas em 31 de outubro de 2003, foi promulgada pelo Decreto nº 5.687, de 31 de janeiro de 2006. No artigo 50, menciona que "a fim de combater eficazmente a corrupção, cada Estado Parte, na medida em que lhe permitam os princípios fundamentais de seu ordenamento jurídico interno e conforme às condições prescritas por sua legislação interna, adotará as medidas que sejam necessárias, dentro de suas possibilidades, para prever o adequado recurso, por suas autoridades competentes em seu território, à entrega vigiada e, quando considerar apropriado, a outras técnicas especiais de investigação como a vigilância eletrônica ou de outras índoles e as operações secretas, assim como para permitir a admissibilidade das provas derivadas dessas técnicas em seus tribunais".

[136] Em qualquer fase da persecução criminal relativa aos crimes previstos nesta Lei (Lei de Drogas), são permitidos, além dos previstos em lei, mediante autorização judicial e ouvido o Ministério Público, os seguintes procedimentos investigatórios: I- a infiltração por agentes de polícia, em tarefas de investigação, constituída pelos órgãos especializados pertinentes.

[137] A infiltração é autorizada para policiais em atividade investigativa, após representação do delegado de polícia ou requerimento do Ministério Público, devendo, por fim, ser precedida de circunstanciada motivada e sigilosa autorização judicial com a especificação dos seus limites.

A legislação em apreço é fruto do projeto de lei nº 100 de 2010, de autoria da Comissão Parlamentar de Inquérito da Pedofilia[138]. Na justificação da proposta, asseverou-se a necessidade de tornar lícita a infiltração de agentes de polícia em razão das dificuldades de atribuição de autoria no meio cibernético[139]:

> A hedionda prática de pedofilia tem, segundo as averiguações realizadas pela CPI – Pedofilia desta Casa, e a despeito de esforços empreendidos pelas forças de repressão do Estado, atingido uma nova e nefasta dimensão, seja sob a ótica de seu alcance, seja sob a dificuldade de persecução e prisão dos agentes delituosos: a internet. Com efeito, os praticantes de delitos de ordem sexual contra crianças e adolescentes encontraram, no mundo cibernético, o ambiente propício para sua pulsão sexual, protegidos tanto pelo anonimato de apelidos, pseudônimos e criptônimos, quanto pelas regras de proteção ao sigilo de dados telemáticos, cuja quebra, em benefício das autoridades policiais, é sempre deferida de modo parcimonioso, ainda quando presentes fortes indícios de autoria e materialidade delitiva.

LATERZA (2016) versa sobre a impossibilidade de a infiltração policial ser realizada por órgãos de inteligência. Ademais, caracteriza sua natureza jurídica como:

> Medida cautelar; de natureza persecutória quanto à sua finalidade de coleta de elementos materiais de natureza probatória ou indiciária; preparatória quanto aos seus objetivos de obtenção de indicações delitivas mais cabais que permitam um indiciamento mais qualificado quanto à autoria das infrações penais detectadas; e administrativa no que concerne a sua competência executória, posto que é inerente a órgãos administrativos da estrutura orgânica do Estado brasileiro que tenham a função institucional de atividade de polícia judiciária, quais sejam, a Polícia Federal e a Polícia Civil[140].

À vista disso, cabe-nos a aplicação da legislação em apreço para dar uma maior resolutividade na apuração de graves crimes praticados na *deep web*, essencialmente quando atingem a dignidade sexual infantojuvenil.

---

[138] A Comissão Parlamentar de Inquérito (CPI) – Pedofilia foi criada com base no Requerimento nº 200, de 4 de março de 2008 (publicado no Diário do Senado Federal – DSF em 5 de março de 2008, p. 4466-4469).
[139] SENADO FEDERAL. Projeto de Lei do Senado nº 100, de 2010. Disponível em: <https://www25.senado.leg.br/web/atividade/materias/-/materia/96360>. Acesso em: 27 maio 2019.
[140] LATERZA, Rodolfo Queiroz. Breves Considerações Críticas sobre os Desafios da Infiltração Policial na Persecução Penal. *In*: ZANOTTI, Bruno Taufner; SANTOS, Cleopas Isaías (orgs.). **Polícia Judiciária**: Temas Atuais. 2.ed. rev., ampl. e atual. Salvador: JusPODIVM, 2016, p. 394.

Na sequência, a infiltração, já utilizada com grande sucesso na *surface* e noutros casos de investigação policial, será apresentada como meio de obtenção de prova na *deep web* para individualização da autoria e materialidade delitiva.

6.4.1. Da infiltração policial nos crimes de abuso e exploração sexual infantil

A infiltração policial prevista no Estatuto da Criança e do Adolescente dar-se-á mediante requerimento do Ministério Público ou representação de Delegado de Polícia e não poderá exceder a noventa dias, com renovações até o prazo limite de 720 dias, devendo ser precedida de autorização judicial, devidamente circunstanciada e fundamentada, para investigação de um rol taxativo dos seguintes crimes:

Estatuto da Criança e do Adolescente	Código Penal
Art. 240 – Produzir, reproduzir, dirigir, fotografar, filmar ou registrar, por qualquer meio, cena de sexo explícito ou pornográfica, envolvendo criança ou adolescente;	Art. 154-A – Invadir dispositivo informático alheio, conectado ou não à rede de computadores, mediante violação indevida de mecanismo de segurança e com o fim de obter, adulterar ou destruir dados ou informações sem autorização expressa ou tácita do titular do dispositivo ou instalar vulnerabilidades para obter vantagem ilícita;
Art. 241 – Vender ou expor à venda fotografia, vídeo ou outro registro que contenha cena de sexo explícito ou pornográfica envolvendo criança ou adolescente;	Art. 217-A – Ter conjunção carnal ou praticar outro ato libidinoso com menor de 14 (catorze) anos;
Art. 241-A – Oferecer, trocar, disponibilizar, transmitir, distribuir, publicar ou divulgar por qualquer meio, inclusive por meio de sistema de informática ou telemático, fotografia, vídeo ou outro registro que contenha cena de sexo explícito ou pornográfica envolvendo criança ou adolescente;	Art. 218 – Induzir alguém menor de 14 (catorze) anos a satisfazer a lascívia de outrem;
Art. 241-B – Adquirir, possuir ou armazenar, por qualquer meio, fotografia, vídeo ou outra forma de registro que contenha cena de sexo explícito ou pornográfica envolvendo criança ou adolescente;	Art. 218-A – Praticar, na presença de alguém menor de 14 (catorze) anos, ou induzi-lo a presenciar, conjunção carnal ou outro ato libidinoso, a fim de satisfazer lascívia própria ou de outrem;
Art. 241-C – Simular a participação de criança ou adolescente em cena de sexo explícito ou pornográfica por meio de adulteração, montagem ou modificação de fotografia, vídeo ou qualquer outra forma de representação visual;	
Art. 241-D – Aliciar, assediar, instigar ou constranger, por qualquer meio de comunicação, criança, com o fim de com ela praticar ato libidinoso.	

No momento da representação, a autoridade policial deverá demonstrar a necessidade da medida, enfatizando ser esse o único meio de obtenção de provas na *deep web*. Ao representar pelo ato, a legislação exige ainda os nomes ou apelidos das pessoas investigadas e, quando possível, os dados de conexão ou cadastrais que permitam a identificação dessas pessoas. Não obstante, essa última exigência é praticamente inviável na *deep web* em razão de suas peculiaridades.

Quanto ao alcance das tarefas dos policiais, a legislação determina que isso deva estar expresso na autorização judicial, como, por exemplo, a participação de crimes, armazenamento e compartilhamento de imagens de abuso e exploração sexual infantil, participação em fóruns, etc. Caso o infiltrado deixe de observar a estrita finalidade da investigação, deverá responder pelos excessos praticados[141].

A despeito dessa previsão, acentuamos não ser tarefa fácil a individualização das atividades a serem desempenhadas em ambiente cibernético, especialmente na *deep web*, cenário com inúmeras possibilidades e ferramentas livremente disponíveis para os criminosos. Caso a determinação judicial não permita ao agente infiltrado um alcance mais amplo, dificilmente logrará êxito na obtenção dos elementos informativos necessários à atribuição da autoria delitiva.

Nesse diapasão, o policial infiltrado não cometerá crime ao armazenar, compartilhar ou praticar todo e qualquer ato que contenha imagens de abuso e exploração sexual infantojuvenil, desde que tenha como fim específico a colheita de indícios de autoria e materialidade da legislação em apreço[142].

Sobre essas atividades a serem desdobradas pelo policial no momento da infiltração, Mendroni (2009) recorre ao Princípio da Proporcionalidade Constitucional estabelecido pela doutrina alemã[143]:

---

[141] Art. 190-C. Parágrafo Único do ECA.

[142] STJ HC nº 85788 SP 2017/0143468-6. Referido instituto de investigação não se equivale ao flagrante preparado, uma vez que não se presta a provocar ações criminosas. Na hipótese, a ação criminosa antecedeu a investigação policial, não tendo o agente policial incorrido no desiderato ilícito, pois o recorrente agiu por conta própria, sem qualquer induzimento, tendo o agente policial se limitado a ocultar sua real identidade, aproximando-se dos indivíduos que compartilham interesse em material pornográfico infantil, estabelecendo relação de confiança com eles, acabando por obter uma senha que dava acesso a arquivos de compartilhamento do recorrente, aos quais outras quarenta pessoas tinham acesso livre.

[143] MENDRONI, Marcelo Batlouni. **Crime Organizado**: aspectos gerais e mecanismos legais. 3.ed. São Paulo: Atlas, 2009, p. 112.

> Numa situação real de conflito entre dois princípios constitucionais, deve-se decidir por aquele de maior peso. Considera-se que não pode haver normas constitucionais absolutas nem contraditórias e, portanto, elas devem ser interpretadas de forma que coexistam em harmonia. Desta forma, entre dois princípios constitucionais aparentemente de igual peso, prevalecerá aquele de maior valor. Exemplificando, entre a vida e a intimidade ou a privacidade, evidentemente que a primeira tem maior peso, merecendo, em caso de necessidade, a sua eleição em detrimento das demais. Nada poderia justificar o sacrifício de uma vida em favor da infiltração do agente e este deverá utilizar de todas as habilidades para impedi-lo.

Ao final da investigação, deverá ser confeccionado e encaminhado ao juiz e ao Ministério Público um relatório circunstanciado contendo todos os atos praticados durante a execução da medida. Nada obsta, todavia, que, durante a realização da diligência, o juiz ou o Ministério Público requisitem a confecção de relatórios parciais. A autoridade responsável pela execução da medida deverá formar autos apartados e apensá-los ao processo criminal, assegurando, contudo, a preservação da identidade do agente infiltrado bem como a intimidade das crianças e adolescentes envolvidos.

Enfim, a infiltração policial na *deep web* é um mecanismo que garantirá, sobremaneira, os elementos suficientes para a atribuição da autoria delitiva nos casos de abuso e exploração sexual infantojuvenil.

6.5. *Network Investigative Technique* – NIT

A possibilidade de anonimidade de usuários de internet, notadamente os recursos disponibilizados na *deep web* para esse fim, traz consigo inúmeras dificuldades na atribuição da autoria delitiva.

Os procedimentos investigativos aplicados para os crimes praticados na *surface* não serão suficientes para a elucidação de uma investigação em andamento na *deep web*. Requisição de dados cadastrais, quebra de sigilo ou interceptação telemática quase nunca serão suficientes para essa rede profunda. Nesse diapasão, resta-nos a aplicação de NIT – *Network Investigative Technique*.

A NIT – Técnica de Investigação de Redes – é empregada, mediante autorização judicial, para instalação de software em dispositivo informático de terceiro, com o intuito de obtenção de registros de conexão, endereço MAC, sistema operacional, nome de usuário e do *host*, arquivos armazenados, histórico de navegação e outras informações necessárias à atribuição de autoria e materialidade delitiva.

Assim como a infiltração policial em ambiente virtual, a técnica investigativa de rede tem se mostrado eficaz na obtenção de evidências no ambiente da *deep web*, devendo, pois, ser aplicada para atribuição da autoria.

Essa técnica para obtenção de evidências eletrônicas já vem sendo aplicada pelo *Federal Bureau of Investigation* – FBI – há mais de 25 anos em casos relacionados a abuso e exploração sexual infantojuvenil, terrorismo, extorsão, dentre outros. As operações *Torpedo* e *Pacifier* são exemplos bem-sucedidos da aplicação de NIT para obter evidências.

Em 2011, o FBI deu início à Operação *Torpedo*, ao ser informado pela polícia da Holanda sobre a hospedagem de um serviço na *deep web*, localizado em Nebraska, Estados Unidos, o qual hospedava três sites com conteúdo de abuso e exploração sexual infantil. Após a prisão do responsável, houve a modificação do serviço e implementação de ferramenta NIT para a identificação dos registros de conexão, dos navegadores e dos sistemas operacionais utilizados pelos usuários suspeitos.

O código NIT utilizado na identificação dos criminosos era baseado em *flash* e tirava proveito de vulnerabilidades de configuração do usuário final, o que permitia o envio do endereço verdadeiro do protocolo de internet para o FBI, quando acessava o *site* sob investigação[144].

Na Operação *Pacifier*, foi identificado o responsável pelo Playpen, na Carolina do Norte, Estados Unidos, *site* com conteúdo de abuso e exploração sexual infantojuvenil. O FBI, após ser autorizado judicialmente, logrou êxito na instalação de um software dentro do serviço, capaz de coletar informações individualizadas dos usuários que utilizavam o serviço[145]. Nessa ação foram assinalados milhares de usuários do *site* em diversos estados e até mesmo em países de outros continentes.

Um dos presos nessa operação, Jay Michaud, suscitou a exibição do código-fonte do NIT[146]. A recusa, pelo FBI, no fornecimento de informações do funcionamento do

---

[144] Agora, por padrão, a Tor desabilita *plug-in flash* e *java*.
[145] Endereços de protocolos de internet, *MAC address*, nome de *host*, dados sobre a instalação do NIT, sistema operacional e número de usuário no sistema.
[146] CHILD pornography case against teacher is dropped after the U.S. government refused to reveal the software code used to nab him. **Daily Mail**, 09 Mar. 2017. Disponível em: <http://www.dailymail.co.uk/news/article-4296100/Child-porn-case-dropped-US-refuses-software-code.html/>. Acesso em: 24 maio 2019.

software utilizado na coleta da evidência, sob a alegação de que isso prejudicaria as investigações em andamento, resultou, entretanto, na absolvição do investigado.

6.5.1. Da legislação aplicável

A aplicação da técnica investigativa de rede encontra escora na legislação brasileira?

Os avanços tecnológicos trazem, sobremaneira, dúvidas ao operador do direito sobre qual lei aplicar ou sobre a necessidade de legislar sobre o tema. Nesse sentido, vários projetos de lei tentam regulamentar essas novas situações, todavia, não é tarefa fácil. O processo legislativo, por sua natureza, é moroso e tramita, em alguns casos, por anos. De outro lado, a tecnologia translada a cada dia, o que impossibilita até mesmo um usuário habitual de acompanhar essa evolução.

Barreto (2017) enfatiza sobre esse *gap* legislativo[147]:

> É praticamente impossível legislar visando ao acompanhamento de inovações tecnológicas. Um projeto de lei, por mais rápido que tramite nas casas legislativas, demora anos até sua entrada em vigor. Em contrapartida, a criação de novas tecnologias ocorre a todo instante, dificultando, por vezes, o acompanhamento, até mesmo pelos usuários. Presentemente, temos o fenômeno baleia azul. Porvindouro, dificilmente saberemos o que virá de avanços e de como os criminosos utilizarão essas inovações para aperfeiçoar suas práticas delitivas.

Nessa perspectiva, não há necessidade de legislação para obtenção de elementos informativos na *deep web* através de NIT. A Lei nº 9.296, de 24 de julho de 1996, consagra essa possibilidade. Ao regulamentar o inc. XII, parte final do art. 5º da Constituição Federal[148], o diploma normativo alcança tanto as interceptações telefônicas quanto o fluxo de comunicações em sistema de informática e telemática.

---

[147] BARRETO, Alesandro Gonçalves. Projetos de Lei criminalizando o jogo baleia azul: utilidade para a investigação policial? **Direito & TI**, 27 jun. 2017. Disponível em: <http://direitoeti.com.br/artigos/projetos-de-lei-criminalizando-o-jogo-baleia-azul-utilidade-para-a-investigacao-policial/>. Acesso em: 24 maio 2019.
[148] Constituição Federal, art. 5º XII – é inviolável o sigilo da correspondência e das comunicações telegráficas, de dados e das comunicações telefônicas, salvo, no último caso, por ordem judicial, nas hipóteses e na forma que a lei estabelecer para fins de investigação criminal ou instrução processual penal.

Apesar de sancionada há mais de 22 anos e bem antes do *boom* da internet em solo brasileiro, a legislação em apreço pode ser utilizada como supedâneo para fundamentar uma ordem judicial de interceptação telemática utilizando a técnica investigativa de rede. Só haverá sua admissão, contudo, caso seja evidenciado que:

- ✓ a prova não pode ser demonstrada por outros meios;
- ✓ há indícios razoáveis de autoria e participação em infração penal;
- ✓ o fato investigado constitui infração penal punida com reclusão.

Na representação da medida, a autoridade policial ou o Ministério Público deverão demonstrar a necessidade de indicação da técnica a ser empregada. Diferentemente da interceptação telefônica, na qual há a necessidade de auxílio das concessionárias de serviço público, a investigação na *deep web* dispensa intermediários para essa operacionalização[149].

Nas situações em que não houver a necessidade de obtenção de conteúdo comunicacional através de NIT, recomenda-se a representação pela quebra de sigilo telemático. Essa medida é de extrema eficácia na busca de dados não comunicacionais e de metadados. Sobre esses elementos, que não estão atrelados ao tráfego de conteúdo, Barreto, Férrer e Nery (2018) assinalam[150]:

> Um exemplo de metadado é a informação referente ao endereço de protocolo de internet – IP – utilizado pelo investigado em determinado dia e hora. O dado fornecido pelo provedor de conexão individualizará apenas a conexão, jamais o conteúdo. Por vezes, esses registros são úteis para se chegar ao investigado, já que o dado cadastral é verdadeiro e o local da conexão poderá subsidiar uma futura busca e apreensão, face os indícios de autoria e materialidade delitiva apontados. Em alguns casos, quando da apreensão de *smartphones*, pode-se extrair outros elementos informativos necessários à investigação policial. No sentido figurativo, é como se o metadado fosse a placa de um veículo numa rodovia com milhares deles passando a cada instante. Com as informações de cadastro, poderíamos saber quem é o proprietário e quando foi adquirido,

---

[149] Lei nº 9.296/96. Art. 7º Para os procedimentos de interceptação de que trata esta Lei, a autoridade policial poderá requisitar serviços e técnicos especializados às concessionárias de serviço público.
[150] BARRETO, Alesandro Gonçalves; FÉRRER, Everton Ferreira de Almeida; NERY, José de Anchieta Neto. Acesso a Dados em Celular: Necessidade de Autorização Judicial? *In*: BEZERRA, Clayton da Silva; AGNOLETTO, Giovanni Celso (orgs.). **Combate às Organizações Criminosas**: a lei que mudou o Brasil. São Paulo: Posteridade, 2018.

entretanto, jamais iremos conseguir saber quem estava a dirigir aquele automóvel. Além do mais, seria impossível dizer se no seu interior havia a prática de atividade ilícita, armas e/ou drogas escondidas. A polícia, por vezes, necessita fazer a abordagem do automóvel e checar seu interior. Portanto, o metadado pode ser suficiente em algumas situações; noutras a polícia necessita de acesso ao conteúdo, para robustecer sua investigação.

A quebra de sigilo telemático poderá, para tanto, ser determinada para obtenção dos elementos individualizadores da autoria, independentemente de a pena cominada ser de reclusão ou detenção[151].

Ressalte-se, por oportuno, a necessidade de autorização judicial para todos os casos de aplicação de NIT e que apenas se aplica para investigados certos e determinados, não podendo essa metodologia jamais ser aplicada para realização de vigilância em massa.

6.6. Operações policiais na *deep web*

As polícias judiciárias vêm dando passos significativos na repressão aos crimes cometidos na *deep web*. Diversos países deflagram ações, notadamente na repressão aos crimes de abuso e exploração sexual infantil e na venda de substâncias entorpecentes nesse ambiente.

Na Operação *Darknet*, ocorrida em outubro de 2014, a Polícia Federal executou, através de mais de 500 policiais, o cumprimento de 100 mandados de busca e apreensão em 18 estados e no Distrito Federal. Foi a primeira ação de polícia judiciária contra crimes cometidos através da *deep web* no Brasil, que resultou na individualização de 90 usuários que praticavam delitos contra a dignidade sexual infantojuvenil[152].

---

[151] Wendt e Jorge discorrem sobre a não aplicação da Lei de interceptação telefônica na obtenção dos registros de acesso, afirmando que "de um modo equivocado, muitas vezes a quebra de sigilo telemático é indeferida pelo poder judiciário sob o argumento de que não respeita os requisitos relacionados com as referidas normas. Por exemplo, nos casos de crimes contra honra praticados por meio da internet em que o juiz de direito equivocadamente indefere a representação para a quebra de sigilo telemático e argumenta que a pena para o crime é de detenção, enquanto a Lei de interceptação telefônica exige a pena de reclusão". WENDT, Emerson; JORGE, Higor Vinicius Nogueira. **Crimes Cibernéticos:** ameaças e procedimentos de investigação. 2.ed. Rio de Janeiro: Brasport, 2013, p. 125.

[152] Alguns entendem que a Operação *Dirty.net*, deflagrada em junho de 2012, foi a precursora nessa seara. Essa ação foi realizada através da Polícia Federal e em parceria com o Ministério Público Federal e a Interpol para cumprimento de 50 mandados de busca e apreensão.

A Operação *Darknet* é exemplo de boa prática de infiltração policial[153]. Essencialmente executada na *deep web* e com objetivos de identificar usuários da rede Tor, a ação foi reformulada pelo Tribunal Regional Federal da 3ª Região em razão do juízo *a quo* ter entendido pela falta de justa causa da ação penal, notadamente por estar lastreada em provas ilícitas:

> As investigações realizadas pela Polícia Federal não foram efetivadas sem objetivo certo ou declarado, visando à colheita de evidências de futuras práticas criminosas. Ao contrário do que equivocadamente entendeu o juízo *a quo*, tal investigação respeitou a legalidade ao receber a chancela judicial para se infiltrar no submundo da internet com o objetivo certo de identificar usuários que se utilizam do anonimato via Tor e compartilham "material pedófilo" de forma despreocupada. A infiltração de agentes deu-se como único meio apto a capturar pessoas que navegavam como anônimas e se protegiam com criptografia, podendo, assim, livremente efetuar o compartilhamento de pornografia infantil nessa camada inferior da internet e, até então, jamais acessada pelos órgãos de persecução penal. As provas produzidas demonstram, de forma cristalina, que não houve qualquer indução ao comportamento criminoso do réu, que, em princípio, já praticava ilícitos antes e durante a criação da página *web*. A hipótese examinada revela classicamente tratar-se de flagrante esperado, que é legítimo e não se confunde com o flagrante preparado. Em nenhum momento houve instigação para a prática do crime, tampouco houve a preparação do ato, mas apenas o exercício de vigilância da conduta dos criminosos por meio de "isca", ao ser criada mais uma página dentro da organização criminosa e aguardar-se a prática dos crimes de difusão de pornografia infantil[154].

Na Operação *Darknet* II, sucedida em novembro de 2016, a Polícia Federal efetuou o cumprimento de 70 mandados de prisão e busca e apreensão em 16 estados brasileiros,

---

[153] PF combate a disseminação de pornografia infantil pela *deep web*. Segundo nota à imprensa divulgada à época, "a Polícia Federal rastreou o ambiente conhecido como *deep web*, considerado um meio seguro para que usuários da internet divulguem anonimamente conteúdos variados. A arquitetura desse ambiente impossibilita a identificação do ponto de acesso (IP), ocultando o real usuário que acessa a rede. Através de metodologia de investigação inédita e ferramentas desenvolvidas, os policiais federais conseguiram quebrar esse paradigma e identificar, na Operação *Darknet*, mais de 90 usuários que compartilham pornografia infantil. Até o momento, somente as polícias dos Estados Unidos e da Inglaterra haviam realizado investigações de crimes praticados através da *deep web*". Disponível em: <http://www.pf.gov.br/agencia/noticias/2014/10/pf-combate-a-disseminacao-de-pornografia-infantil-pela-deep-web-no-rs>. Acesso em: 29 maio 2019.

[154] TRF 3ª Região. Recurso em Sentido Estrito nº 0013241-15.2014.4.03.6181/SP. Relator Desembargador Federal Nino Toldo. Julgado em 04 set. 2018.

na segunda fase da operação. O principal objetivo foi impedir o compartilhamento de fotografias, vídeos ou outro registro que contivesse cena de sexo explícito ou pornográfica envolvendo criança ou adolescente através da *dark web*.

A Operação *Pacifier* teve a investigação iniciada em janeiro de 2015 pelo FBI – *Federal Bureau of Investigation*. Seu principal objetivo foi averiguar a plataforma Playpen, acessível na *deep web* e considerada a maior rede de compartilhamento de arquivos de abuso e exploração sexual infantil. Nessa plataforma os usuários podiam se comunicar anonimamente e distribuir conteúdo criminoso envolvendo crianças e adolescentes com a busca customizada por idade, sexo e atividade sexual. Na investigação, o FBI aplicou NITs – Técnicas Investigativas de Rede –, que possibilitaram a identificação de usuários da rede que estavam compartilhando esse material. O serviço Playpen foi desativado e seu criador, Steven W. Chase, sentenciado a 30 anos de prisão.

Uma ação conjunta da Europol[155], FBI, HSI/ICE[156] e Eurojust[157] culminou com a Operação *Onymous*. Teve como escopo atacar serviços na *deep web* que vendiam, distribuíam e promoviam atividades ilegais e nocivas, especialmente a venda de drogas ilícitas. Foram removidos 27 *hosts* acessíveis apenas pela rede Tor.

A Operação *Bayonet* foi uma ação coordenada em julho de 2017 pelo FBI, pelo DEA[158] e pela Polícia Nacional Holandesa e teve como objetivo o fechamento dos sites Alphabay e Hansa, locais de venda de drogas e armas na *deep web*. Os sites funcionavam

---

[155] Sediada em Haia – Países Baixos, a Europol presta assistência a 28 estados-membro da União Europeia na luta contra o terrorismo e a criminalidade organizada internacional. No ano de 2013 criou o EC3 – *European Cybercrime Centre* –, unidade responsável por desenvolver ações contra crimes no ciberespaço, exploração sexual infantil *on-line* e fraudes eletrônicas. Atua ainda como unidade centralizadora de crimes eletrônicos e no apoio às investigações e às operações desencadeadas por estados-membro.

[156] ICE – *US Immigration and Customs Enforcement*. Criada no ano de 2003, conta mais de 20.000 agentes espalhados em 400 escritórios nos Estados Unidos e em diversos locais do planeta. Possui três diretorias operacionais: *Homeland Security Investigations* (HSI), *Enforcement and Removal Operations* (ERO) e *Office of the Principal Legal Advisor* (OPLA). Uma quarta diretoria, *Management and Administration* (M&A), presta apoio operacional às demais.

[157] Organismo da União Europeia criado no ano de 2002. Tem como objetivos: estimular e melhorar a coordenação entre as autoridades nacionais de estados-membro; aperfeiçoamento na cooperação, especialmente no apoio jurídico internacional e no cumprimento de mandados de prisão. Em 2016 criou a Rede Judiciária Europeia do Crime Cibernético – EJCN –, com o intuito de formar uma rede de profissionais especializados no combate às mais diversas formas de cibercriminalidade.

[158] *Drug Enforcement Agency* é um órgão do Departamento de Justiça dos Estados Unidos encarregado da repressão ao cultivo, à fabricação e à distribuição de substâncias controladas destinadas ao tráfico ilícito e às organizações criminosas ora vinculadas. Fiscaliza ainda o cumprimento de leis e regulamentos relacionados às substâncias controladas.

na rede Tor, com os usuários adquirindo anonimamente os produtos ilícitos através de criptomoedas. O fundador do Alphabay, Alexandre Cazes, foi preso na Tailândia e os servidores da plataforma apreendidos no local da prisão e também na Lituânia, na França, no Reino Unido e no Canadá[159].

Em fevereiro de 2018, a Força Tarefa Especial de Combate à Exploração Sexual Infantil – Unidades de Inteligência da Polícia Civil de Araçatuba e São José do Rio Preto – irrompeu a Operação Angelus. Integrantes da Polícia Civil de São Paulo cumpriram quatro mandados de busca e apreensão na região de São José do Rio Preto, o que resultou na prisão em flagrante de dois indivíduos, usuários da Freenet, com vasto conteúdo de abuso e exploração sexual infantojuvenil.

A Operação *Disarray*, desencadeada no mês de março de 2018 pelo FBI (*J-Code Team*[160]), em conjunto com outras agências estadunidenses, teve como alvo o tráfico de substâncias entorpecentes na *deep web* e dados de traficantes com os respectivos pagamentos realizados por meio do comércio eletrônico ilegal[161].

A Operação *Underground* 2 foi desencadeada no mês de abril de 2018 pela Polícia Federal, culminando com a prisão de 18 indivíduos em sete estados brasileiros[162]. Na cidade de Campinas-SP, um dos presos utilizava a rede Gigatribe para divulgar e compartilhar conteúdo de abuso e exploração sexual infantojuvenil[163].

Mais uma vez, a Polícia Civil de Araçatuba-SP executou operação na *deep web*, denominada de *Dream Market*. A finalidade da ação foi desarticular o comércio de substâncias sintéticas realizado por traficantes brasileiros que adquiriam as drogas através do Dream Market – *site* da Tor de mercado negro. Após a prisão de traficantes, a polícia identificou diversos *prints* de imagens Tor em aplicativo de mensageria

---

[159] GIBBS, Samuel; BECKETT, Lois. Dark web marketplaces AlphaBay and Hansa shut down. **The Guardian**, 20 July 2017. Disponível em: <https://www.theguardian.com/technology/2017/jul/20/dark-web-marketplaces-alphabay-hansa-shut-down>. Acesso em: 27 maio 2019.
[160] *J-Code Team* é uma iniciativa do FBI no combate ao tráfico de opioides na *deep web*, da qual participam agentes especiais, analistas de inteligência e equipes de profissionais para desenvolver ações nessa área.
[161] FBI. **Operation Disarray:** Shining a Light on the Dark Web. Apr. 03, 2018. Disponível em: <https://www.fbi.gov/news/stories/operation-disarray-040318>. Acesso em: 24 maio 2019.
[162] VENAGLIA, Guilherme. PF faz operação nacional contra pedofilia e prende 18 pessoas. **Veja**, 26 abr. 2018. Disponível em: <https://veja.abril.com.br/brasil/pf-faz-operacao-nacional-contra-pedofilia-e-prende-18-pessoas/>. Acesso em: 27 maio 2019.
[163] PF PRENDE em Paulínia suspeito de 28 anos que divulgava pedofilia pela Deep Web. G1, 26 abr. 2018. Disponível em: <https://g1.globo.com/sp/campinas-regiao/noticia/pf-prende-em-paulinia-suspeito-de-28-anos-que-divulgava-pedofilia-pela-deep-web.ghtml>. Acesso em: 24 maio 2019.

dos investigados. A negociação no *site* era realizada em tempo real com um intermediário de Santa Catarina, sendo este responsável pelo pagamento, em *bitcoin*, a um fornecedor dos Estados Unidos. Foram cumpridos 14 mandados de busca e apreensão, que resultaram em seis prisões em flagrante e 2.000 comprimidos de drogas sintéticas apreendidos.

Enfim, essas ações demonstram avanços substanciais alcançados por parte das polícias investigativas do Brasil e do exterior. Todavia, também alertam para a necessidade de realizar outros trabalhos policiais na *deep web*.

7. Considerações finais

Entender o funcionamento da *deep web* é crucial para o usuário de internet, bem como para o operador do direito. A cada dia, novas tecnologias são ofertadas e simplesmente aderimos a elas sem conhecê-las, o que nos expõe às mais diversas vulnerabilidades.

Nesse diapasão, insere-se a *deep web*. Inexplorada pela grande maioria, é conceituada como território obscuro e propício apenas para prática de atividades ilícitas. Em diversas situações verificamos seu emprego para a prática de crimes, notadamente o abuso e a exploração sexual infantojuvenil e a venda de drogas ilícitas. Não obstante, é de extrema importância para usuários garantirem uma navegação mais segura e privada, especialmente contra governos opressores.

A inclusão de uma rede como integrante da *deep web* não deve levar em conta apenas o critério de indexação em ferramentas de busca, mas sim a descentralização, a segurança e o anonimato. Muito embora possua contratempos na individualização da autoria e materialidade delitiva, diversas ações policiais, tanto no Brasil quanto no exterior, foram deflagradas, culminando na prisão de centenas de criminosos envolvidos na comercialização de drogas ilícitas e no abuso e na exploração sexual infantojuvenil.

Nos dias que correm, vemos os criminosos buscarem novas tecnologias para fugir da aplicação da lei penal, ferramentas estas disponíveis gratuitamente. Outrora, testemunhávamos a dificuldade na busca de evidências da interceptação de telefonia móvel. Posteriormente, vivenciamos o *Going in Dark Problem*, ou seja, as dificuldades de atribuição da autoria em face da criptografia, especialmente do dado em nuvem, de dispositivos informáticos bloqueados e de comunicações de aplicativos de mensageria. Certamente, esses obstáculos estão presentes na *deep web*, que, apesar de não ser algo novo, permanece desconhecida pela grande maioria dos usuários de internet.

Atualmente as grandes corporações que detêm o "controle" da internet mantêm os internautas de certa forma reféns de suas tecnologias, capturando suas informações e utilizando-as para promover seus produtos e serviços. Os entusiastas das redes que operam na *deep web* buscam justamente evitar esse tipo de domínio, optando por navegar em sites e serviços de forma anônima, sem rastreio por parte das corporações. Além disso, muitos profissionais liberais, jornalistas, blogueiros e ativistas procuram o anonimato e a segurança proporcionada para expor as suas opiniões e denúncias sem sofrerem censuras governamentais. Em contrapartida ao *freedom of speech* proporcionado pelas redes da *deep web,* os crimes aumentam exponencialmente, não devendo, sem embargo, ser obstáculos à utilização dessas novas tecnologias.

A especialização da investigação nessa seara, desde a preservação da evidência até a atribuição de autoria, é um caminho a ser perseguido pela polícia judiciária no enfrentamento ao crime e aos seus autores, submersos nas águas profundas da *deep web,* mas não invisíveis aos olhos da lei.

Referências bibliográficas

AFONSO, Leonardo Singer. Fontes Abertas e Inteligência de Estado. **Revista Brasileira de Inteligência**, Brasília: Abin, v. 2, n. 2, abr. 2006.

ARAÚJO, Peu. Apreensão de drogas sintéticas no aeroporto de Guarulhos cresce quase oito vezes em dois anos. **R7**, 23 fev. 2017. Disponível em: <https://noticias.r7.com/sao-paulo/apreensao-de-drogas-sinteticas-no-aeroporto-de-guarulhos-cresce-quase-oito-vezes-em-dois-anos-23022017>. Acesso em: 24 maio 2019.

BARRETO, Alesandro Gonçalves. Projetos de Lei criminalizando o jogo baleia azul: utilidade para a investigação policial? **Direito & TI**, 27 jun. 2017. Disponível em: <http://direitoeti.com.br/artigos/projetos-de-lei-criminalizando-o-jogo-baleia-azul-utilidade-para-a-investigacao-policial/>. Acesso em: 24 maio 2019.

BARRETO, Alesandro Gonçalves; ARAÚJO, Vanessa Lee. **Vingança Digital**: compartilhamento não autorizado de conteúdo íntimo na internet – procedimentos de exclusão e investigação policial. Rio de Janeiro: Mallet, 2017.

BARRETO, Alesandro Gonçalves; BRASIL, Beatriz Silveira. **Manual de Investigação Cibernética à Luz do Marco Civil da Internet**. Rio de Janeiro: Brasport, 2016.

BARRETO, Alesandro Gonçalves; CASELLI, Guilherme; GAUDENCIO, Andressa. Aplicação de modernas técnicas de investigação digital pela Polícia Judiciária e sua efetividade. **Direito & TI**, 01 maio 2016. Disponível em: <http://direitoeti.com.br/artigos/aplicacao-de-modernas-tecnicas-de-investigacao-digital-pela-policia-judiciaria-e-sua-efetividade/>. Acesso em: 24 maio 2019.

BARRETO, Alesandro Gonçalves; FÉRRER, Everton Ferreira de Almeida; NERY, José de Anchieta Neto. Acesso a Dados em Celular: Necessidade de Autorização Judicial? *In*: BEZERRA, Clayton da Silva; AGNOLETTO, Giovanni Celso (orgs.). **Combate às Organizações Criminosas:** a lei que mudou o Brasil. São Paulo: Posteridade, 2018.

BARRETO, Alesandro Gonçalves; NERY NETO, José Anchieta. Going Dark: os desafios da polícia judiciária na atribuição da autoria delitiva. **Revista Mercopol**, Edición Paraguay, ano XI, n. 11, nov. 2018.

BARRETO, Alesandro Gonçalves; WENDT, Emerson; CASELLI, Guilherme. **Investigação Digital em Fontes Abertas**. Rio de Janeiro: Brasport, 2017.

BERGMAN, Michael K. The Deep web: surfacing hidden value. White paper. **BrightPlanet – Deep Content**, Sep. 24, 2001. Disponível em: <http://brightplanet.com/wp-content/uploads/2012/03/12550176481-deepwebwhitepaper1.pdf>. Acesso em: 24 maio 2019.

BRASIL. Decreto nº 5.015, de 12 de março de 2004. Promulga a Convenção das Nações Unidas contra o Crime Organizado Transnacional. Disponível em: <http://www.planalto.gov.br/ccivil_03/_ato2004-2006/2004/decreto/d5015.htm>. Acesso em: 24 maio 2019.

BRASIL. Decreto nº 5.687, de 31 de janeiro de 2006. Promulga a Convenção das Nações Unidas contra a Corrupção, adotada pela Assembleia-Geral das Nações Unidas em 31 de outubro de 2003 e assinada pelo Brasil em 9 de dezembro de 2003. Disponível em: <http://www.planalto.gov.br/ccivil_03/_Ato2004-2006/2006/Decreto/D5687.htm>. Acesso em: 24 maio 2019.

BRASIL. Decreto-Lei nº 3.689, de 03 de outubro de 1941. Código de Processo Penal. Disponível em: <http://www.planalto.gov.br/ccivil_03/decreto-lei/Del3689.htm>. Acesso em: 24 maio 2019.

BRASIL. Lei nº 10.446, de 08 de maio de 2002. Dispõe sobre infrações penais de repercussão interestadual ou internacional que exigem repressão uniforme, para os fins do disposto no inciso I do § 1º do art. 144 da Constituição. Disponível em: <http://www.planalto.gov.br/ccivil_03/leis/2002/L10446.htm>. Acesso em: 24 maio 2019.

BRASIL. Lei nº 11.343, de 23 de agosto de 2006. Institui o Sistema Nacional de Políticas Públicas sobre Drogas – Sisnad; prescreve medidas para prevenção do uso indevido, atenção e reinserção social de usuários e dependentes de drogas; estabelece normas para repressão à produção não autorizada e ao tráfico ilícito de drogas; define crimes e dá outras providências. Disponível em: <http://www.planalto.gov.br/ccivil_03/_Ato2004-2006/2006/Lei/L11343.htm>. Acesso em: 24 maio 2019.

BRASIL. Lei nº 12.735, de 30 de novembro de 2012. Altera o Decreto-Lei nº 2.848, de 7 de dezembro de 1940 – Código Penal, o Decreto-Lei nº 1.001, de 21 de outubro de 1969 – Código Penal Militar, e a Lei nº 7.716, de 5 de janeiro de 1989, para tipificar condutas realizadas mediante uso de sistema eletrônico, digital ou similares, que sejam praticadas contra sistemas informatizados e similares; e dá outras providências. Disponível em: <http://www.planalto.gov.br/ccivil_03/_ato2011-2014/2012/lei/l12735.htm>. Acesso em: 24 maio 2019.

BRASIL. Lei nº 12.850, de 02 de agosto de 2013. Define organização criminosa e dispõe sobre a investigação criminal, os meios de obtenção da prova, infrações penais correlatas e o procedimento criminal; altera o Decreto-Lei nº 2.848, de 7 de dezembro de 1940 (Código Penal); revoga a Lei nº 9.034, de 3 de maio de 1995; e dá outras providências. Disponível em: <http://www.planalto.gov.br/ccivil_03/_ato2011-2014/2013/lei/l12850.htm>. Acesso em: 24 maio 2019.

BRASIL. Lei nº 12.965, de 23 de abril de 2014. Estabelece princípios, garantias, direitos e deveres para o uso da Internet no Brasil. Disponível em: <http://www.planalto.gov.br/CCIVIL_03/_Ato2011-2014/2014/Lei/L12965.htm>. Acesso em: 24 maio 2019.

BRASIL. Lei nº 13.105, de 16 de março de 2015. Código de Processo Civil. Disponível em: <http://www.planalto.gov.br/ccivil_03/_Ato2015-2018/2015/Lei/L13105.htm>. Acesso em: 24 maio 2019.

BRASIL. Lei nº 13.341, de 08 de maio de 2017. Altera a Lei nº 8.069, de 13 de julho de 1990 (Estatuto da Criança e do Adolescente), para prever a infiltração de agentes de polícia na internet com o fim de investigar crimes contra a dignidade sexual de criança e de adolescente. Disponível em: <http://www.planalto.gov.br/ccivil_03/_Ato2015-2018/2017/Lei/L13441.htm>. Acesso em: 24 maio 2019.

BRASIL. Lei nº 13.642, de 03 de abril de 2018. Altera a Lei nº 10.446, de 8 de maio de 2002, para acrescentar atribuição à Polícia Federal no que concerne à investigação de crimes praticados por meio da rede mundial de computadores que difundam conteúdo misógino, definidos como aqueles que propagam o ódio ou a aversão às mulheres. Disponível em: <http://www.planalto.gov.br/ccivil_03/_Ato2015-2018/2018/Lei/L13642.htm#art1>. Acesso em: 24 maio 2019.

BRASIL. Lei nº 9.296, de 24 de julho de 1996. Regulamenta o inciso XII, parte final, do art. 5º da Constituição Federal. Disponível em: <http://www.planalto.gov.br/ccivil_03/leis/L9296.htm>. Acesso em: 24 maio 2019.

CÂMARA DOS DEPUTADOS. Projeto de Lei nº 5.202/2016, de 06 mai. 2016. Autoria da Comissão Parlamentar de Inquérito destinada a investigar a prática de crimes cibernéticos e seus efeitos deletérios perante a economia e a sociedade neste país. Inclui os crimes praticados contra ou mediante computador, conectado ou não a rede, dispositivo de comunicação ou sistema informatizado ou de telecomunicação no rol das infrações de repercussão interestadual ou internacional que exigem repressão uniforme, quando houver indícios da atuação de associação criminosa em mais de um Estado da Federação ou no exterior. Disponível em: <http://www.camara.gov.br/proposicoesWeb/fichadetramitacao?idProposicao=2083671>. Acesso em: 24 maio 2019.

CEPIK, Marco A. C. **Espionagem e Democracia**. Rio de Janeiro: FGV, 2003.

CHAMBERLAIN, Patrick. Don't do the pink cocaine Ibiza. **Pulse**, 28 June 2016. Disponível em: <https://pulseradio.net/articles/2016/06/don-t-do-the-pink-cocaine-in-ibiza>. Acesso em: 28 maio 2019.

CHILD pornography case against teacher is dropped after the U.S. government refused to reveal the software code used to nab him. **Daily Mail**, 09 Mar. 2017. Disponível em: <http://www.dailymail.co.uk/news/article-4296100/Child-porn-case-dropped-US-refuses-software-code.html/>. Acesso em: 24 maio 2019.

COM BASE em fotos do Facebook, juiz suspende auxílio-doença de trabalhadora. **Consultor Jurídico**, 31 maio 2015. Disponível em: <http://www.conjur.com.br/2015-mai-31/base-fotos-facebook-juiz-suspende-auxilio-doenca>. Acesso em: 19 mar.2019.

CRESCENTI, Marcelo. Polícia italiana usa redes sociais para prender pichadores. **BBC Brasil**, 03 set. 2014. Disponível em: <http://www.bbc.com/portuguese/noticias/2014/09/140826_grafite_redes_mc_lk>. Acesso em: 24 maio 2019.

DOSS, Daniel Adrian; GLOVER, William H. Jr. GOZA, Rebecca A. WIGGINTON, Michael Jr. **The Foundations of Communication in Criminal Justice Systems**. Boca Raton, FL: CRC Press, 2014.

ELECTRONIC FRONTIER FOUNDATION. **How to Help Protect Your Online Anonymity Using Tor**. Disponível em: <https://www.eff.org/files/filenode/basic_tor_intro_guide_fnl.pdf>. Acesso em: 27 maio 2019.

FALHA expõe 'toda' a internet da Coreia do Norte: 28 sites. **Veja**, 21 set. 2016. Disponível em: <https://veja.abril.com.br/mundo/falha-expoe-toda-a-internet-da-coreia-do-norte-28-sites/>. Acesso em: 27 maio 2019.

FBI. **Operation Disarray**: Shining a Light on the Dark Web. Apr. 03, 2018. Disponível em: <https://www.fbi.gov/news/stories/operation-disarray-040318>. Acesso em: 24 maio 2019.

FERRO JÚNIOR, Celso Moreira; DANTAS, George Felipe de Lima. **Inteligência de Fontes Abertas.** 02 jul. 2010. Disponível em: <http://gestaopolicial.blogspot.com.br/2010/07/inteligencia-de-fontes-abertas.html>. Acesso em: 24 maio 2019.

FLANAGAN, Jessica. **Using Tor in cybersecurity investigations.** Utica College, Dec. 2015. Disponível em: <https://search.proquest.com/docview/1754639710/abstract/FE1B04C5292644D8PQ/1>. Acesso em: 24 maio 2019.

FOX-BREWSTER, Tom. Silk Road 2.0 targeted in 'Operation Onymous' dark-web takedown. **The Guardian**, 7 nov. 2014. Disponível em: <https://www.theguardian.com/technology/2014/nov/07/silk-road-20-operation-onymous-dark-web-drugs-takedown>. Acesso em: 27 maio 2019.

FREENET PROJECT. **Police department's tracking efforts based on false statistics.** 26 May 2016. Disponível em: <https://freenetproject.org/police-departments-tracking-efforts-based-on-false-statistics.html>. Acesso em: 24 maio 2019.

FREENET PROJECT. Site. Disponível em: <https://freenetproject.org/author/freenet-project-inc.html>. Acesso em: 24 maio 2019.

GIBBS, Samuel; BECKETT, Lois. Dark web marketplaces AlphaBay and Hansa shut down. **The Guardian**, 20 July 2017. Disponível em: <https://www.theguardian.com/technology/2017/jul/20/dark-web-marketplaces-alphabay-hansa-shut-down>. Acesso em: 27 maio 2019.

GOMES, Helton Simões. Brasil tem 116 milhões de pessoas conectadas à internet, diz IBGE. **G1**, 21 fev. 2018. Disponível em: <https://g1.globo.com/economia/tecnologia/noticia/brasil-tem-116-milhoes-de-pessoas-conectadas-a-internet-diz-ibge.ghtml>. Acesso em: 24 maio 2019.

GOODMAN, Marc. **Future Crimes:** tudo está conectado, todos somos vulneráveis e o que podemos fazer sobre isso. São Paulo: HSM, 2015.

IACP SOCIAL MEDIA. **International Association of Chiefs of Police 2014 Social Media Survey Results.** Disponível em <http://www.iacpsocialmedia.org/wp-content/uploads/2017/01/2014SurveyResults.pdf>. Acesso em: 24 maio 2019.

JAHANKHANI, Hamid; WATSON, David Lilburn; ME, Gianluigi; LEONHARDT, Frank (eds.). **Handbook of Electronic Security and Digital Forensics.** Singapore: World Scientific, 2010.

JOSEPH, Anthony. Laughing in the face of terror: Belgians respond to police request not to tweet details of their hunt for the Paris killers by posting hilarious pictures of their cats. **Daily Mail**, 23 Nov. 2015. Disponível em: <http://www.dailymail.

co.uk/news/article-3329998/Police-ask-Belgians-not-tweet-Brussels-raids-posted-pictures-cats.html>. Acesso em: 24 maio 2019.

JUIZ usa Facebook para encontrar reclamante que tinha dinheiro para receber, em Parintins. **A Crítica**, 16 set. 2015. Disponível em: <http://www.acritica.com/channels/multimidia/news/juiz-usa-facebook-para-encontrar-reclamante-que-tinha-dinheiro-para-receber-em-parintins>. Acesso em: 24 maio 2019.

LATERZA, Rodolfo Queiroz. Breves Considerações Críticas sobre os Desafios da Infiltração Policial na Persecução Penal. *In*: ZANOTTI, Bruno Taufner; SANTOS, Cleopas Isaías (orgs.). **Polícia Judiciária:** Temas Atuais. 2.ed. rev., ampl. e atual. Salvador: JusPODIVM, 2016.

LEXISNEXIS. **Social Media use in Law Enforcement:** Crime prevention and investigative activities continue to drive usage. Nov. 2014. Disponível em: <https://risk.lexisnexis.com/-/media/files/government/white-paper/2014-social-media-use-in-law-enforcement%20pdf.pdf>. Acesso em: 24 maio 2019.

MAGUIRE, Edward; WELLS, William. **Implementing Community Policing:** Lessons from 12 Agencies. Washington, DC: U.S. Department of Justice, 2009. Disponível em: <https://ric-zai-inc.com/Publications/cops-w0746-pub.pdf>. Acesso em: 24 maio 2019.

MENDRONI, Marcelo Batlouni. **Crime Organizado:** aspectos gerais e mecanismos legais. 3.ed. São Paulo: Atlas, 2009.

MOORE, Daniel; RID, Thomas. Cryptopolitik and the Darknet, **Survival, Global Politics and Strategy**, vol. 58, n. 1, 01 Feb. 2016, p. 7-38. Disponível em: <https://www.tandfonline.com/doi/full/10.1080/00396338.2016.1142085>. Acesso em: 24 maio 2019.

OPERAÇÃO Candy Drug da Polícia Civil prende 3 jovens suspeitos de movimentar nova droga. **Jornal Interior,** 03 jun. 2016. Disponível em: <https://www.jornalinterior.com.br/mostra_noticia.php?noticia=26837>. Acesso em: 28 maio 2019.

OPERAÇÃO da Polícia Civil prende fornecedor de drogas sintéticas na região de Araçatuba. **SBT Interior,** 06 set. 2016. Disponível em: <http://sbtinterior.com/noticia/operacao-da-policia-civil-prende-fornecedor-de-drogas-sinteticas-na-regiao-de-aracatuba-2016-09-06.html?srefr=sbtinterior>. Acesso em: 28 maio 2019.

PF PRENDE em Paulínia suspeito de 28 anos que divulgava pedofilia pela Deep Web. **G1,** 26 abr. 2018. Disponível em: <https://g1.globo.com/sp/campinas-regiao/noticia/pf-prende-em-paulinia-suspeito-de-28-anos-que-divulgava-pedofilia-pela-deep-web.ghtml>. Acesso em: 24 maio 2019.

POLÍCIA faz operação contra pornografia infantil no noroeste do Estado de SP. **G1**, 16 fev. 2018. Disponível em: <https://g1.globo.com/sp/sao-jose-do-rio-preto-aracatuba/noticia/policia-faz-operacao-contra-pornografia-infantil-no-noroeste-do-estado-de-sp.ghtml> Acesso em: 24 maio 2019.

POLÍCIA FEDERAL. PF combate a disseminação de pornografia infantil pela Deep Web. **Agência PF**, 15 out. 2014. Disponível em: <http://www.pf.gov.br/agencia/noticias/2014/10/pf-combate-a-disseminacao-de-pornografia-infantil-pela-deep-web-no-rs>. Acesso em: 24 maio 2019.

POLÍCIA FEDERAL. PF combate crime de pornografia infantil na Deep Web. **Agência PF**, 22 nov. 2016. Disponível em: <http://www.pf.gov.br/agencia/noticias/2016/11/pf-combate-crime-de-pornografia-infantil-na-deep-web>. Acesso em: 24 maio 2019.

PRENSKY, Marc. **Digital Natives, Digital Immigrants.** 2001. Disponível em: <https://www.marcprensky.com/writing/Prensky%20-%20Digital%20Natives,%20Digital%20Immigrants%20-%20Part1.pdf>. Acesso em: 24 maio 2019.

REPORTERS Without Borders and Torservers.net, partners against online surveillance and censorship. **Reporters Without Borders**, Apr. 25 2014, Atualizado em Jan. 25 2016. Disponível em: <https://rsf.org/en/news/reporters-without-borders-and-torserversnet-partners-against-online-surveillance-and-censorship>. Acesso em: 24 maio 2019.

SANNINI NETO, Francisco. Infiltração de agentes é atividade de polícia judiciária. **Canal Ciências Criminais**, 27 jul. 2016. Disponível em: <https://canalcienciascriminais.com.br/infiltracao-de-agentes-e-atividade-de-policia-judiciaria/>. Acesso em: 27 maio 2019.

SENADO FEDERAL. Comissão Parlamentar de Inquérito – PEDOFILIA. Criada por meio do Requerimento nº 2, de 2005-CN, "com o objetivo de investigar e apurar a utilização da Internet para a prática de crimes de 'pedofilia', bem como a relação desses crimes com o crime organizado". Disponível em: <http://www.senado.gov.br/noticias/agencia/pdfs/RELATORIOFinalCPIPEDOFILIA.pdf>. Acesso em: 27 maio 2019.

SENADO FEDERAL. Projeto de Lei do Senado nº 100, de 2010. Disponível em: <https://www25.senado.leg.br/web/atividade/materias/-/materia/96360>. Acesso em: 27 maio 2019.

SOLON, Olivia. Facebook, Twitter, Google and Microsoft team up to tackle extremist content. **The Guardian**, 6 Dec. 2016. Disponível em: <https://www.theguardian.

com/technology/2016/dec/05/facebook-twitter-google-microsoft-terrorist-extremist-content>. Acesso em: 27 maio 2019.

SUPERIOR TRIBUNAL DE JUSTIÇA. HC 26.988/SP, Rel. Ministro Felix Fischer, Quinta Turma, julgado em 21 ago. 2003, DJ 28 out. 2003, p. 313.

SUPERIOR TRIBUNAL DE JUSTIÇA. HC: 332637 PR 2015/0195915-6, Relator: Ministro Ribeiro Dantas, Data de Julgamento: 10 dez. 2015, T5 – Quinta Turma, Data de Publicação: DJe 18 dez. 2015.

SUPERIOR TRIBUNAL DE JUSTIÇA. RHC nº 54080 PA 2014/0315642-5, Relator: Ministra Maria Thereza de Assis Moura, Data de Julgamento: 12 fev. 2015, T6 – Sexta Turma, Data de Publicação: DJe 25 fev. 2015.

SUPERIOR TRIBUNAL DE JUSTIÇA. RHC nº 85788 SP 2017/0143468-6. Relator Ministro Felix Fischer. Publicado em 06 dez. 2017.

SUPREMO TRIBUNAL FEDERAL. Inq.: 3563 PR, Relator: Min. Luiz Fux, Data de Julgamento: 27 fev. 2014, Data de Publicação: DJe-045 Dilvulgado em: 06 mar. 2014. Publicado em: 07 mar. 2014

SUPREMO TRIBUNAL FEDERAL. MC HC: 138238 PR – Paraná 0060982-32.2016.1.00.0000, Relator: Min. Teori Zavascki, Data de Julgamento: 22 nov. 2016, Data de Publicação: DJe-251 25 nov. 2016.

THE TOR PROJECT. Site. Disponível em: <https://trac.torproject.org/projects/tor>. Acesso em: 27 maio 2019.

TORONTO POLICE. **Toronto Police Service Social Engagement Guidelines.** Disponível em: <http://www.torontopolice.on.ca/publications/files/social_media_guidelines.pdf>. Acesso em: 27 maio 2019.

TRIBUNAL REGIONAL FEDERAL 3ª REGIÃO. Recurso em Sentido Estrito nº 0013241-15.2014.4.03.6181/SP. Relator Desembargador Federal NINO TOLDO. Julgado em 04 dez. 2018.

UNIVERSIDADE FEDERAL DO RIO DE JANEIRO – ESCOLA POLITÉCNICA. **Anonimato – Freenet.** Arquitetura. Funcionamento. Disponível em: <https://www.gta.ufrj.br/grad/12_1/freenet/arquitetura.html>. Acesso em: 28 maio 2019.

VENAGLIA, Guilherme. PF faz operação nacional contra pedofilia e prende 18 pessoas. **Veja**, 26 abr. 2018. Disponível em: <https://veja.abril.com.br/brasil/pf-faz-operacao-nacional-contra-pedofilia-e-prende-18-pessoas/>. Acesso em: 27 maio 2019.

WENDT, Emerson; BARRETO, Alesandro Gonçalves. **Inteligência Digital.** Rio de Janeiro: Brasport, 2013.

WENDT, Emerson; JORGE, Higor Vinicius Nogueira. **Crimes Cibernéticos**: ameaças e procedimentos de investigação. 2.ed. Rio de Janeiro: Brasport, 2013.

WORLD STANDARDS. **Internet country domains list.** Disponível em: <https://www.worldstandards.eu/other/tlds/>. Acesso em: 28 maio 2019.